實戰智慧館 502

抄底大師鍊金絕學

股市磨劍 30 年的 12 堂高手課

郭 泰 著

第一堂課　苦讀二十本經典，拿股票系學位　　25

股市高手分為存股派、抄底派、短線價差派三大派別，不論哪一個派別，都必須好好精讀這二十本經典，這是步入高手最起碼的投資。

第二堂課　決定成為存股派、抄底派或短線價差派　　51

或當存股派？或當抄底派？或當短線價差派？只要適合自己就是最好的。存股派與抄底派好比少林與武當，短線價差派則是華山，只要運用得當，均能獲取大利潤。

第三堂課　謙卑地向大股東學習　　63

在股市裡真正賺到大錢的，不是投顧老師，不是投資機構，更不是一般散戶，而是上市若干績優公司的大股東。當股價在底部區附近時，若有大股東敢大筆敲進，無異是給了我們考慮跟進的重要訊息。

第四堂課　抱股是存股派與抄底派的共同特質　　77

不論存股派或抄底派，要賺到大錢，都必須具備抱股的特質。「位置理論」是我在股市中的創見，抱股一定要配合位置理論來使用，成效最佳。

第五堂課　停損與停利應隨時謹記在心　　91

對於短線價差派而言，停損與停利同樣重要，停損能以小虧損平安離場，而停利則能確保每次的利潤，集多次的小利潤為大利潤。

第六堂課　位置的奧祕是高手必修的學分　　103

投資人在投入股市之前，一定要搞清楚股價目前所處的位置。若沒弄清楚股價所處的位置就隨意出手買進，常會被修理得淒淒慘慘。

推薦文

股票投資的極致法則

陳忠慶｜前群益投信總經理、中國多家基金公司顧問

　　一位朋友透過微信轉來一個自媒體的連結，打開一看，是一個談論把小事做好也可以成為箇中高手的長文。文中說了三個故事，其中一個故事過去曾轟動一時，最早由中國知名商業諮詢師劉潤撰文講述自己的親身經歷，也就是〈出租車司機給微軟員工上的 MBA 課〉一文的計程車司機。

　　文章發表於 2006 年，當時他在微軟公司工作，有一次要搭計程車去機場，碰到一位很不一般的司機。路上兩人交談的過程，讓他深深覺得司機給自己上了一堂非比尋常的 MBA 課。

　　我重讀這篇舊文後，把我想闡述的重點臚列於下，試著和我熟悉的投資理財領域做聯結，應該可有若干啟發。

　　首先，司機說他在上海徐家匯只做美羅大廈和均瑤大

廈這兩個地方的生意。在接到劉潤之前，已在美羅大廈門口兜了兩圈，看到劉潤從辦公室出來，認為搭車路程肯定不近。

接著，他說當計程車司機也要使用科學方法，要懂統計。經他精確計算，每天開車十七個小時，每小時成本34.5元人民幣（以下同），算法是每天上交公司380元，油費約210元，一天開車十七小時，根據原文的算法，平均下來就是22元＋12.5元＝34.5元。

另外，經過數據分析，每次載客之間的空駛時間是七分鐘，如果上來一名乘客只跑起步價10元，大概要開十分鐘，也就是10元車資要花上十七分鐘的成本，即9.8元，根本沒賺錢。所以要選擇停車的地點、時間和乘客，主動選擇路程遠的客戶。

司機舉例說，醫院門口有一個拿藥的和另一個拿臉盆的人，這時就要載拿臉盆的，因為一般小病痛要拿藥不一定會去很遠的醫院，而拿臉盆搭車的是出院的病人，通常會有重獲新生的感覺，會捨得花錢搭長途車。至於那些在超市門口、地鐵站搭車或穿睡衣的人，他們可能去很遠的地方嗎？所以要選客人，而不是讓客人選你。

司機又說，有一次一名乘客要去火車站，說了要怎麼

走，司機建議上高架後再怎麼走，但乘客覺得繞路了。司機說乘客的走法要 50 元，按他的走法也只收 50 元，多的不收。最後是多走了四公里，快了二十五分鐘，按他的走法也只收 50 元。乘客很高興，省了 10 元左右，但對司機而言，四公里就是 1 塊多的油錢，相當於用 1 塊多買了二十五分鐘成本，一小時成本 34.5 元，很划算。也難怪，他的收入是一般司機的三倍！

談到這裡，你不覺得這位司機經過研究、分析以及每天實做經驗所歸納出的原則與方法，也可以套用在股票投資嗎？他選擇乘客相當於買股時的選股，要了解標的股的所有一切，尤其是可以漲多少、漲多久。

他重視載客時間、地點，不就是入市要知道行情來到什麼位置、何時進幾時出嗎？還有，他的成本概念也提醒我們，做股票要會衡量資金成本與獲利、虧損的關聯，做好資金管理的規畫。

在很多人眼中，開計程車是小事一樁，但能做到極致、並成為聰明賺錢的高手卻是少數。投資人在股海中浮沉、與風險相伴，要想勝出獲利、累積財富，也可以效法這位司機把股票投資做到極致，方法就是學習、觀察、研

究、體驗，並且力行不輟。

　　我的老朋友郭泰就是箇中典範。他從對股市一無所知，至今成為抄底大師，在股市中累積可觀的財富，也是經過三十三個年頭不斷學習、研究，並親臨市場下海拚搏，才從無師變大師。

　　郭泰兄是個樂於分享的人，樂於分享在這三十三年中不同階段的研究心得、實戰體驗，出了數本能夠邊學習、邊操作的經典之作，如今又推出集大成的鉅著，堪稱經典中的經典。既適合初入股市者從基礎扎實學習，也適合已有股票投資經驗的人精進功力，減少失誤，增加勝算。

　　全書分十二堂課，依我在投資理財圈接觸股市相關投資（含股票、基金）近四十年的經驗，我倒是建議初入股市的人不必急著上第一堂課〈苦讀二十本經典，拿股票系學位〉，因為有些人可能會因此被嚇跑。不妨從第二堂課開始，先確定要成為哪種派別的投資人、先認識自己，然後再挑選相應的課程努力學習。第一堂課所列的二十本股票經典著作，我覺得可以在實際入市操作股票時挑選研讀，以盡力而為的原則，試著像作者郭泰一樣全數苦讀完成。

　　走筆至此，我想起有香港「平民股神」之稱的老曹（曹仁超）曾說過，股票市場是最嚴格的老師，總強迫我們去思考、去面對，考驗我們的能力，並且不斷攻擊我們性格上的弱點，而性格會決定在股市中拚搏的勝負或勝算多寡。

　　所以，在學習郭泰的這十二堂課的同時，建議讀者最好同時能進入股市接受考驗，輔以本書所學，磨練可以提升勝算的性格。身在市場也可時時驗證書中各堂課由郭泰經歷三十三載所總結的操盤精髓，做必要的自我調整。

　　最後，再引用老曹的一段話作為結束：「成功的投資者無須在市場上百戰百勝，而是遵守一個投資計畫，奉行一套觀念和系統，嚴守紀律，並戒除貪念與恐懼。」好好研讀這本書，絕對可以幫助你達成。

推薦文

海納百川，集大成之作

安納金｜《散戶的 50 道難題》、【高手的養成】系列暢銷書作者

拜讀郭大俠這本著作，令我深深體會到武學三境界「見自己、見天地、見眾生」的奧義，在投資世界裡一體適用。

「見自己」：投資門派百家爭鳴，並沒有哪一派是絕對最好的，只有最適合自己罷了。每一位投資人都必須先清楚了解自己的風險承受度，選擇自己信奉的投資哲學，使用自己最合適的投資工具，建立屬於自己的進出依據，這一整套必須相互搭配得宜才能發揮效果，也是每個人最終能否在投資市場獲得良好報酬的基礎。此書在幾個章節中都提到了不同派別的比較，目的不是要證明抄底派有多好，而是幫助讀者認清「沒有最好，只有最適合」的事實，以達到「見自己」。

「見天地」：當投資人充分了解自己的投資習性及合

適的投資方法後，接下來就要透過大量閱讀或拜師學藝，來拓展自己在投資領域的見識。許多人想要單靠學會一招，打遍天下無敵手，絕對是痴人夢想，因為當今的金融市場浩瀚無垠，投資工具不斷地推陳出新、交易平台也不斷進化，真正的高手都是終身學習者，不會故步自封，他們在既有的知識和能力之上不斷吸收新知，順著市場讓自己同步進化。此書羅列過去百年來投資領域的數十本經典之作，就是幫助大家拓展見識，以達到「見天地」。

「見眾生」：我非常認同作者所說，真正的股市高手，不在你是否操盤必勝，不在你是否開名車、住豪宅，不在你是否很有錢、很有名，而在你是否願意不計名利為芸芸眾生做一點事情。過去二十多年，我在金融市場看到許多人曾經賺到錢，也看到許多人賠錢收場，但較少人單靠投資獲得財富自由並得善終。德國股神安德烈·科斯托蘭尼（Andre Kostolany）是其中少數的典範之一，他早期是投機交易派，自己賺得飽飽就好，到了晚年卻加入中長期投資者的行列，並在巴黎的咖啡館無償為投資人解答問題，這就是「見眾生」的典範。

此書內容相當流暢，讀者們很容易觀察到郭前輩已經

是著作等身的資深作家，然而，書中許多經驗談是以長輩慈祥的口吻，給予孜孜不倦地加油打氣，例如有一段說道：「撰寫看盤日記非常重要，那是一種讀完經典後內化的過程。經典讀過之後，經典是經典，你還是你，只有經由撰寫看盤日記，你所讀過的二十本經典才會穿越時空，進入你的血液，與你的靈魂交融，變成你自己的東西。我知道這一堂課很難修，如果你一時還寫不出來，別氣餒，這是正常現象，表示你仍未融會貫通，這時再回去好好溫習前面的一至八堂課。」這是何等的寬容與慈悲呀！這樣的溫馨絮語，在此書許多章節處處可見。

　　很榮幸能為郭前輩此一大作撰寫推薦文，我極力推薦此書，也祝福拿起此書的您，最終能和作者一樣達到「見自己、見天地、見眾生」的境界。

　　願善良、紀律、智慧與你我同在！

推薦文

股市長期贏家的
實踐與修鍊

龔招健 ｜ 《Money 錢》雜誌主筆

2009 年我曾採訪郭泰，當時他的新書上市，談的是他在 2008 年全球金融海嘯之後，在台股抄底的成功經驗及判斷依據。我當時對他鑽研國內外投資經典的用心與誠懇的談吐留下深刻印象，後來不時會跟他請教、切磋。

郭泰學新聞出身，當過報社記者，也曾自行創業、在企管顧問公司擔任高階主管，接觸面廣，很有探究、學習新知的熱枕。三十九歲毅然轉型成為作家，把自己的學習心得、研究精華分享給讀者，《抄底大師鍊金絕學》這本書便是他過去數十年在股市投資的理論基礎及實戰心得。

要在股市賺錢，除了領股利（股票及現金），就是賺價差，這比領股利更讓人著迷。大多數的投資人習慣做

多，如果股價能長期上漲，每年迭創新高，要賺價差就不難。但以台股來說，能長期持續上漲的股票其實不多，而所有的公司股價都會出現波段式的漲跌循環，郭泰的這本書就是要告訴讀者，他是如何掌握股價的波段低點與高點，藉此買低賣高賺價差。

股票在每個交易日都會有高低點，但除非投資人能夠即時精準研判（難度很高），這個價差看得到卻吃不到。不過如果把時間週期拉長，例如三個月或半年，股價高低點的波動就比較有脈絡可循，很多投資贏家就是採取這種波段操作，每個波段報酬率從二至三成到一倍以上都有可能，郭泰在書中稱之為「小抄底」。

郭泰擅長「大抄底」，也就是在股市大崩盤落底之後，以很便宜的價格（長線底部區）進場投資，但這種機會不常有，過去平均要隔七至十年才有機會碰到一次。2008 年全球金融海嘯爆發後，美國帶頭大幅降息，實施量化寬鬆（QE）貨幣政策，各國政府透過各項政策支撐股市成為新常態，使得股市大崩盤的機率降低，或者說股市大崩盤的時間點得以延後。

在資金超寬鬆的低利率環境下，投資人在股市大抄底的機會變少，卻造就了許多小抄底的機會，端看如何掌

握，而本書便有一章專門探討「小抄底」的訣竅，值得參考。

台股大盤從 2021 年 7 月中的 18,000 點歷史新高拉回，何時會落底？其實不同個股、類股的落底時間不盡相同。投資人可以運用本書提到的觀察指標，試著判斷落底條件是否成立，是小底，還是大底？在等待落底的過程中，耐心很重要，而買進股票之後，也是要有耐心才能賺到較大波段的價差，這就是書中所提到「股道籌忍」，說來容易，貴在實踐，需要不斷地修鍊。

要成為股市長期贏家，除了吸收大師精華，還要心存謙卑，以市場為師，終身學習，審時度勢，不被過往經驗綑綁；過往成功的投資經驗，在新的時空環境下，甚至可能造成誤判。例如，台股大盤過去長期無法有效突破萬點，幾乎每次漲到萬點之後就崩盤，「台股萬點是天花板」成為許多資深投資人的刻板印象，但這個刻板印象顯然已不合時宜。

股價的漲跌，主要反映市場信心（情緒）與資金動能（所以不能小看美國在新冠疫情爆發後推出無限量 QE 及廣發紓困支票的威力），群眾心理層面的因素影響很大，

所謂的「便宜價、合理價、昂貴價」沒有標準答案，但參考投資大師採用的評估原則與經驗，加上實戰經驗的累積，就可以慢慢摸索出心得，相信這本書會大幅縮短投資人摸索的過程。

推薦文

一本帶你出坑的
股市必讀指導書

唐豐山 | 專職投資人

2021 年 6 月 21 日，貨櫃三雄（長榮、萬海、陽明）確定納入台灣 50 指數，三大法人爭相補足持股，興起了一波航海時代的高潮。此刻也吸引了一群初入股市的小白爭相入市搶當水手，大部分的人因為毫無交易概念，造成七、八月掀起一波券商大量違約交割潮。交易陣亡週期誇張地縮短到僅短短一個月。

股市交易之路道又暗又黑且極度凶險，需要以「書」為師或以「人」為師，但明師難尋，冥師卻充斥人間。若有福報深厚者縱遇明師，卻可能因本身基礎不夠而問不出好問題，旋得旋忘。所以，以「書」為師便成為學習交易最好的捷徑。

認識郭老師起源於他「以善見眾生」的人生哲學，於

網路上熱誠分享他三十三年的豐富交易經驗，從《抄底大師鍊金絕學》一書更能一窺他為人處事的恩慈信實。

　　他悉心為讀者剖析如何以最小阻力進入股市，建議苦讀各大學派的經典著作後，找出適合自己個性的方法入手。然後深入分析大股東大量調節自家股票的時機，以及主力混沌的交易手法。他事先為讀者發掘市場陷阱，不吝分享他個人在大小抄底的抱股位階，以及可調節加減碼的時間序，並期許讀者能在經歷完整的多空循環波浪後，成為一位成功的交易者。

　　他更大方地分享自己如何在日常交易後，寫出一份效用最大的看盤日記。因為股市永遠沒有新鮮事，任何盤勢只不過是歷史事件重複發生，以手寫日記為鑑，便可明白損益得失。

　　每個人至少都需要學會一種投資理財方式，才能無所畏懼地放手去做此生認為最有意義的事。而這種理財方式會化為聰明錢，成為你的「分身」，並為你工作賺錢，學會的理財方式愈多，便擁有愈多「分身」，一如書中的「複利」概念。學習投資愈早開始愈好，相信這本書能清楚地指引你。

推薦文

股海勝出，唯有順勢而為

楊禮軒｜算利教官、專職投資人、淘股網創辦人

　　受邀為前輩郭大俠的這本書寫序，備感榮幸。論抄底這個功夫，檯面上耳熟能詳的就是郭大俠了，他將這本書劃分為十二堂課，看完之後有如閱讀《孫子兵法》般暢快。

　　第一堂課介紹了二十本股票必讀經典書，如同《孫子兵法·始計篇》所言：「……夫未戰而廟算勝者，得算多也；未戰而廟算不勝者，得算少也。多算勝，少算不勝，而況無算乎！吾以此觀之，勝負見矣。」在股海中，若不能事先做好研究，而想憑藉運氣獲得勝算，那根本是緣木求魚，你在下手前基本上就決定了這一把的勝負。

　　本書中詳述了技術派、籌碼派及存股派的各種操作方式，尤其是主力的手法與郭大俠的抄底功夫，更是將各派別的應用融都合在一起。那麼抄底應該注意哪些指標？以

郭大俠在股海的資歷，他依然謙遜地吸納各家理論，將之應用於操作技巧上，如《孫子兵法》所言：「……夫兵形象水，水之形避高而趨下，兵之形，避實而擊虛，水因地而制流，兵應敵而制勝。故兵無常勢，水無常形，能因敵變化而取勝者，謂之神。」股市迷人之處就是因為各種因素變化萬千，要在股海勝出無須墨守成規，唯有因勢利導、順勢而為，方能獲得機先。

　　讀完本書，深感自己所學仍有不足，誠摯推薦給大家。

推薦文

老手、新手必讀寶典

蘇松泙 | 平民股神、作家、專職投資人

　　我是 1951 年出生的，那個年代幾乎沒有一本財經書可以看，直到 2011 年我出版了【不蝕本投資術】系列書之後，我也一直沒有看過國內外任何的財經書。2016 年去西班牙旅遊，我在機場書店看到很多財經書，於是很快地翻了一下，有一本書讓我很驚豔，作者是郭泰，書名是《逮到底部，大膽進場》。我買了這本書帶到飛機上看，而這是我買的第一本財經書。

　　《抄底大師鍊金絕學》是郭泰先生的最新著作，也是他超過三十年股市操盤經驗的集大成之作，他在書中寫到「賺足整個波段」，這可是在股票市場提款的最高境界！本書內容扎實，既是新手進入股海必讀寶典，也是老手每一次閃避股災的必勝好書。

自序
三十三年磨一劍

　　在股海中，我們常常踽踽獨行，那是一種孤寂、一種無奈，也是必要的修行。

　　1988 年，我投入台灣股市，當時對股市一無所知，那一年我四十二歲。

　　1989 年，我寫出《股市實戰 100 問》，奠定了股市的基礎功，那一年我四十三歲。

　　1997 年，我寫《股市操作 100 訣》，仍在磨練基本功，那一年我五十一歲。

　　2002 年，我完成《台股指數期貨 100 問》，那是操練馬步，那一年我五十六歲。

　　2008 年，我寫出《逮到底部，大膽進場》，這是重大突破，述說如何在股市循環之中抄底賣頭，賺取驚人的利潤，那一年我六十二歲。

2012 年，我創立「位置理論」，這是里程碑，並把它寫在《看準位置，只賺不賠》一書之中，那一年我六十六歲。

2021 年，我完成《抄底大師鍊金絕學：股市磨劍 30 年的 12 堂高手課》，這是三十三年來集大成之作，這一年我七十五歲。

本書的完成純屬意外，原本我只是抒發自己對「股市高手」的一些看法，陸陸續續發表在我個人臉書上，與網友共享。寫著寫著一年多下來，竟然涓滴成河，成為意外集大成之作。

根據我三十三年的觀察，在股市要成為高手，大概只有兩個途徑，一是苦讀經典，開悟成材；二是遍訪名師，拜師學藝。我已經把第一個途徑寫進本書的第一堂課〈苦讀二十本經典，拿股票系學位〉，並把第二個途徑寫進本書的第十堂課〈遍訪高手，拜師學藝〉之中。

在本書中，我把股市高手區分為「存股派」、「抄底派」、「短線價差派」，究竟要成為哪一派，悉聽尊便。其實不論哪一派，只要適合自己就是最好的。存股派要好好去讀第二堂課與第四堂課，抄底派要好好去讀第二堂課與

第六堂課，短線價差派要好好去讀第二堂課、第五堂課與第十二堂課。至於第七堂課、第八堂課、第九堂課、第十一堂課，無論哪一派都要讀。

　　還有，千萬不要忽略真正在股市賺到大錢的大股東，關於這點，請好好讀第三堂課〈謙卑地向大股東學習〉。

　　抄底是我的信仰。寫完本書，個人最大的收穫是從大抄底頓悟到小抄底，小抄底就是三至六個月的短線價差派；意外的是，小抄底竟是另一片天地，其獲利媲美大抄底；我已經把這一段美妙的經歷寫進第二堂課、第五堂課以及第十二堂課。

　　寫完此書，百感交集；欣喜的是即將完成集大成之作，感嘆的是三十三載的汲汲營營終將結束，所幸有上述六本書留下了雪泥鴻爪，否則三十三載除了追逐錢財之外，豈非一場空？

第一堂課

苦讀二十本經典，
拿股票系學位

股市高手分為存股派、抄底派、短線價差派三大派別，

不論哪一個派別，都必須好好精讀這二十本經典，

這是步入高手最起碼的投資。

台灣的大專院校商學院裡沒有開設股票系這個科系，這是我突發奇想自己設立的。

根據我在股市浸淫三十年，並著有六本股票書籍的經歷，我把股市高手區分為存股派、抄底派、短線價差派等三大派別，我認為不論哪一個派別，都必須好好精讀下列這二十本經典。

必讀的二十本股票經典書

第一本：班傑明・葛拉漢（Benjamin Graham）的《智慧型股票投資人》（*The Intelligent Investor*）

本書乃價值型投資的經典，雖問世已逾七十載（1948年），絲毫不減其經典地位。

葛拉漢教導投資人要分清楚股價與內在價值之間的差別，他主張投資人要買進「股價」低於「價值」的股票，而且買入的價格愈被低估愈好，因為「價格」與「價值」之間的缺口，就是投資安全的保障，不符合上述條件的投資行為即屬於投機。

他把投資人區分為「防禦型投資人」與「積極型投資人」。前者指的是平時工作繁忙、無暇精研股票的上班

族；後者指的是專業型投資人。葛拉漢針對這不同類型的投資人，分別設計了一套投資法則來協助他們。

第二本：彼得・林區（Peter Lynch）的《彼得林區選股戰略》（*One Up on Wall Street*）

林區被《時代》（*Time*）雜誌推崇為首屈一指的基金經理人，他在 1977 至 1990 年這十三年間管理富達麥哲倫基金（Magellan Fund），資產規模從原有的 1,800 萬美元，以平均每年成長 75% 的速度飆升到 140 億美元，並成為當時全球最大的股票基金。

林區把投資心法都寫在《彼得林區選股戰略》、《彼得林區征服股海》（*Beating the Street*）及《彼得林區學以致富》（*Learn to Earn*）三書之中。

對於以抄底為信仰的我而言，其《征服股海》一書中提及：「想要搶進最低價，就像在河底釣魚，這是投資人最流行的娛樂，但結果上鉤的卻往往是釣魚人本身。」有很大的警示作用。

我每次在抄底時，腦海裡總會不由自主地浮起林區的一句忠告：「如果等到刀子掉落地面，完全靜止後再去撿，這樣總是比較好吧！」

大師鍊金術

葛拉漢主張，投資人要買進「股價」低於「價值」的股票，他堅持的原則就是物超所值。

第三本：大衛・克拉克（David Clark）的《窮查理的智慧語錄》（*The TAO of Charlie Munger*）

窮查理是指波克夏・海瑟威（Berkshire Hathaway）副董事長查理・蒙格（Charlie Munger），他表面上是華倫・巴菲特（Warren Edward Buffett）的事業夥伴，其實他更像是巴菲特的經營導師，巴菲特曾公開說：「波克夏是根據查理制定的藍圖來建構，我不過是總承包商罷了。」

克拉克是著名財經作家，他搜集了蒙格多年的訪談紀錄、演講稿，以及他在波克夏公司股東會議上的問答，寫成了一百三十八則智慧語錄。

我是抄底的信仰者，我最服膺第三十五則「等待」：「等待有助於你成為一名投資人，而許多人就是無法忍耐等待。」還有第十九則「耐心」：「我成功是因為我的注意力特別持久。」此兩則語錄教會我買股票要忍耐和等待，不論大抄底或小抄底，直到抄底的那個點到來才出手。

窮查理在第七則點出葛拉漢無法長抱股票的錯誤，並且在書中提及了通用汽車（GM）、伊斯卡（Iscar）、富國銀行（Wells Fargo）、麥當勞（McDonald's）等四家公司。

窮查理所闡述的「耐心等待」，與我的抄底理念「股道酬忍」可以說不謀而合；「股道酬忍」乃是我在股市摸

索三十年之後的深刻體悟。常言道：天道酬勤、地道酬善、人道酬誠、商道酬信，最後我加一個「股道酬忍」。

第四本：馬克思‧甘特（Max Gunther）的《蘇黎士投機定律》（*The Zurich Axioms*）

「蘇黎士投機定律」是由瑞士證券和期貨投機俱樂部所創，他們認為沒有人能靠薪水而致富，只有在股票、期貨、貴重金屬、藝術品及古玩上的投資才可能致富。

全書譯本只有薄薄的148頁，書中列舉了十二項主要定律和十六項次要定律，但我認為下面十二點很有價值：

一、論風險：踏入投資，步入股市，必須勇於承擔風險，才會有致富的機會。

二、論貪婪：在股市中別想魚頭吃到魚尾，亦即賺到全波段的利潤，在相對的底部買進之後，有不錯的階段性獲利就要走人。

三、論希望：相信股價一定會循環，當盤勢走空，千萬不可攤平，那只會愈攤愈平，最好的方法是停損走人。

四、論預測：股價未來的走勢根本無法預測，股市裡所有專家的預測都是「拆」與「猜」，前者是拆解，後者是猜測。

　　五、論條理：發財致富既沒有定律，也沒有公式；投資股票亦是如此。

　　六、論靈活：投資不可念舊，對已經沒有投資價值的股票千萬不可念舊。

　　七、論直覺：對於可以解釋的預感或直覺既不應藐視，也不應完全信任，而應合理加以剖析後再去應用。

　　八、論神祕主義：不可能藉由上帝或超自然的力量致富。

　　九、論樂觀與悲觀：樂觀有益於健康，但無益於股票投機。

　　十、論群眾：真理通常是由少數人發現的。股票最佳買進的時機就是大多數人說「不可以」的時候。

　　十一、論頑固：在股票市場裡，不要固執地迷戀一枝花。

　　十二、論計畫：長期投資是一項大賭博，若能依技術分析大師拉爾夫‧艾略特（Ralph N.Elliott）的八段波浪理論進行波段操作（指的是在第一、第三、第五、第七等四波段做多），是比較穩當的，我稱之為「小抄底」（在空頭行情時稱之為反彈）。

**第五本：安德烈・科斯托蘭尼（Andre Kostolany）的
《一個投機者的告白》（*Die Kunst über Geld nachzudenken*）**

科斯托蘭尼是歐洲著名的投資大師，有「德國巴菲特」之稱。他為人幽默，嘲諷自己是個「投機者」，著有《一個投機者的告白》、《一個投機者的告白之金錢遊戲》（*Kostolanys beste Geldgeschichten*）、《一個投機者的告白之證券心理學》（*Kostolanys Börsenpsychologie*）等三本膾炙人口的作品。其中《一個投機者的告白》是我的最愛，初版發行於 2002 年 1 月，至今的銷量聽說已達八十萬冊，十分驚人。

從八十年的股市實戰經驗中，科大師體會出三點寶貴的結論：一是在股市投機沒有任何科學公式，因為它是一門藝術，講究的是經驗與天分，只有依靠豐富的實戰經驗，才能知道何時該買、何時該賣；二是在股市所賺的大錢往往不是靠腦袋，而是靠坐功；三是行情來自戰爭與和平或經濟成長。

科老的投機三書我都一再拜讀，其中《一個投機者的告白》最精彩，書中科氏雞蛋圖就價值連城，它教我股價一定有循環，買進的那個時間點就決定了賺賠。

另外，書中男子與狗的譬喻（男子是經濟，狗則是證

大師鍊金術──股市所賺的大錢不靠腦袋，全靠坐功：坐功的意思就是長期的忍耐。

券市場）、貨幣＋心理＝趨勢、耐心是證券交易裡最重要的東西、暴漲和崩盤是分不開的搭檔、「逆向」是成功的要素等等都十分精彩，發人省思。

科老活得富裕、優雅、從容，他認為有許多東西比錢財更重要，譬如享受美食、上等的葡萄酒、美女、音樂等，但這些都要靠足夠的金錢才能達成。他對錢財有下列五點精闢的看法：

一、雖然沒有人談錢，但每個人都想著錢。

二、股市投機中賺的是痛苦錢，必定先有痛苦，然後才有錢賺。

三、錢財能彌補醜陋與殘疾的遺憾。

四、如果女人因為錢而愛上男人，他認為並不可恥，因為錢財代表其成就，所以她會受到吸引。

五、在櫃檯清點每天賺進的大把鈔票，會使人的性慾蠢蠢欲動。

第六本：是川銀藏的《股市之神是川銀藏》

是川銀藏是日本股市的傳奇人物。他在 1927 年三十歲的時候，因遭受金融擠兌風暴的波及而破產。之後他在圖書館苦讀三年，徹底研究日本經濟與股市，而後就以自

修苦讀的寶貴心得研判行情、進出股市。

　　1931 年，他三十四歲時進入股市。以 70 日圓起家，因能研判未來經濟走向，不久即獲得百倍的利潤，而後在股市無往而不利。

　　1977 年因看準水泥的走勢，投資日本水泥賺進 30 億日圓，1982 年更因抄底住友金礦的股票大賺 200 億日圓，成為日本所得最高的人，並榮獲「股市之神」的美譽。

　　是川銀藏只有小學畢業，完全依賴三年的苦讀而脫胎換骨，他是苦讀成為高手的典範。他最重視經濟的趨勢與時代的潮流，曾因看出美國將於 1933 年 4 月廢止金本位制的利空，事先出脫股票而聲名大噪。

　　下列五點為是川銀藏的投資哲學：

　　一、苦心鑽研未來大有前途的潛力股，並階段性持有，絕不相信別人的推薦。

　　二、不但要能預測未來一至兩年的經濟走向，而且盯牢每天股市行情的變動。

　　三、不要以為股市會永遠漲不停，每支股票都有其適當的價位，當股票超漲時，切忌追高。

　　四、股價最後必須由業績來決定，作手硬炒的股票撐不久，淺嘗即止，長抱不得。

大師鍊金術 ── 買進的那個時間點就決定了賺賠。進場那一瞬間，就決定了你這一單的賺賠。

　　五、投資股票永遠存在風險，必須有危機意識。

　　第七本：埃德溫・勒菲弗（Edwin Lefèvre）的《股票作手回憶錄》（*Reminiscences of a Stock Operator*）

　　此書乃是美國華爾街傳奇作手傑西・李佛摩（Jesse Livermore）的傳記，作者勒菲弗是名噪一時的傳記作家，他藉此書還原了當時最偉大的作手李佛摩的原型。英文本出版於1923年，目前我見過的中文譯本有寰宇版（真如譯）與大牌版（李奧森譯）兩種版本。英文版出版至今近一世紀，歷久不衰，已成為股市新手的啟蒙書。

　　李佛摩買賣股票，也操作棉花、玉米、小麥等農產品期貨，一生中曾經八落八起。1907年，他因放空美股賺進300萬美元，引發美股崩盤；1929年，美股大崩盤時，他傾其所有放空美股，大賺了1億美元，當時美國一年的稅收也不過42億美元。

　　全書共有二十四章，其中較有價值的是下列章節：

　　第一章：華爾街沒有新鮮事，華爾街從未改變，也永遠不會改變，因為人性永遠都不會改變；重要的是要學會解盤，操作系統（並非操作股票）。

　　第三章：你的對手並非股價而是股市，因此要對大盤

永遠懷抱敬畏之心。

第四章：全世界最好的老師就是虧損。

第五章：底部買進之後，切記抱牢持股（老火雞的忠告）。

第八章：趨勢才是最可靠的朋友。

第九章：賺大錢的方法就是在正確的時機做出正確的行動，亦即要耐心等待市場轉折點出現時斷然出手。

第十章：股價會沿著抵抗力最小的路線行進。

第十四章：投機客既不效忠多方，也不效忠空方。

第十六章：聽信明牌，愚蠢之至。

第十七章：看盤全憑經驗、觀察、記憶以及數字。

第十九章：投機者成功的基礎，建立在人性的恐懼與貪婪。

第二十一章：順勢而為就是股市不敗的真理。

第二十三章：一檔股票跌跌不休時，不是市場有問題，就是公司出問題。

第八本：馬克·米奈爾維尼（Mark Minervini）的《超級績效》（*Trade like a Stock Market Wizard*）

作者在第三章中提出他總結超級強勢股的五點特定進

大師鍊金術

股市最好的老師就是虧損。雖然我們厭惡虧錢，然而它卻是最能逼你進步的老師。

場點分析（Specific Entry Point Analysis，簡稱 SEPA）：

一、趨勢（Trend）

二、基本面（Fundamentals）

三、催化事件（Catalyst）

四、進場點（Entry Points）

五、出場點（Exit Points）

還有，本書最精彩的部分，乃是作者對一檔成長型股票四個生命週期之生動解說，這是第五章順勢交易的內容，值得一讀再讀：

一、平台整理，波浪不驚，經常被忽略的第一階段。這是主力吃貨的階段，作者認為應避開此階段。

二、發動攻擊，漲勢明確，每每爆量上攻的第二階段。作者建議應勇敢在此時買進，他認為股票買進的正確價格，就是股票剛起漲的價格。

三、漲勢趨緩，明顯作頭，毅然出脫的第三階段。此時最明顯的現象是，會看到行情發動以來單週最明顯的下跌。此時一定要賣出持股。

四、利空頻傳，跌勢確立，盤勢走空的第四階段。此時盤勢最明顯的現象就是：價跌量增，價漲量縮。

此外，作者在第十二章與第十三章特別闡述風險管理

的重要，他提醒投資人除了在對的時點買進有成長潛力的股票之外，也要知道何時該獲利了結，何時該停損出場。

第九本：李佛摩的《傑西‧李佛摩股市操盤術》(*How to Trade in Stocks*)

前面介紹過的〈股票作手回憶錄〉乃是別人為李佛摩所寫的小說體傳記，而本書則是李佛摩親自操刀完成的操盤手冊。

剖析李佛摩的操盤術，既非基本分析派，也不是技術分析派，應該算是股價趨勢派；不論操作股票或大宗商品，也不論做多或放空，他一定等到趨勢確立、關鍵點出現之後（第五章〈關鍵點〉），才會放膽加碼，一直到資金用完為止。他秉持的重要理念就是：股價會沿著抵抗力最小的路線行進。

他一生操盤恪守三個心法：

一、非常重視時機的掌握。他總是耐心等待股價的轉折點出現才會出手（第五章〈關鍵點〉）。

二、遵守風險管理。不論做多或放空，當他發現自己看錯行情、虧損達 10% 時，立刻停損出場（第九章〈資金管理〉）。

大師鍊金術

李佛摩既非基本分析派，也不是技術分析派，他算是股價趨勢派，一定等到趨勢確立才會出手。

三、情緒管理（第十章）。他每天過規律的生活，讓自己永遠保持冷靜、耐心及孤獨。他堅持任何有心在金融市場投機的人，應以事業待之，全力以赴。

第十本：約翰‧麥基（John Magee）的《股價趨勢技術分析》（*Technical Analysis of Stock Trends*）

本書英文版於 1948 年問世，迄今已逾七十年，為技術分析之父麥基的經典之作，全球售出數百萬冊，只要提到技術分析，非此書莫屬。

麥基技術分析的理論基礎，主要來自於下面十點的道氏循環理論（Dow theory）：

一、大盤的股價指數會反映所有的資訊。

二、大盤的走勢有三，一是主要趨勢，二是次要趨勢，三是小型趨勢。

三、主要趨勢指的是多頭市場的上升走勢，或是空頭市場的下跌走勢，無論多頭或空頭，一般會持續一年以上（抄底成功後，抱牢持股一年）。

四、次要趨勢指的是多頭市場的回檔修正，或是空頭市場的技術反彈，不論回檔或反彈，其幅度通常是主要趨勢幅度的三分之一至三分之二；而且期間大約三週到幾個

月（這是小抄底的根據）。

五、小型趨勢指的是短暫的行情波動，期間大約在一至三週之間，易受人為操控。

六、多頭市場有三個階段。

七、空頭市場也有三個階段。

八、多頭市場時，價漲量增，價跌量縮；空頭市場時，價跌量增，價漲量縮。

九、狹幅盤整可以取代次要趨勢多頭市場的回檔修正或空頭市場的技術反彈。此種狹幅盤整的期間愈長，價格區間愈窄，最後的突破愈有意義（平台整理的依據）。

十、認定收盤價。道氏循環理論只採用收盤價，不考慮盤中的極端高價或低價。

書中其他重要的章節包括：K線的反轉形態、整理形態、跳空缺口、支撐與壓力、趨勢線與軌道線等等。

第十一本：吉姆・史洛門（Jim Sloman）的《亞當理論》
（*The Adam Theory of Markets or What Matters is Profit*）

本書是順勢操作的經典之作，由股市名人、技術分析「相對強弱指標」（Relative Strength Index, RSI）之父威爾斯・王爾德（Wells Wilder），於 1985 年以 100 萬美元向

大師鍊金術 —— 耐心等到轉折點出現才會出手，千萬不可毛毛躁躁、操之過急。

作家史洛門購入。王爾德於 1987 年出版此書後，頓時洛陽紙貴，成為當時美國股市熱門話題。

順勢操作的精髓就是追隨趨勢，投資人必須等到趨勢確立之後才進場。換言之，股價已經明確上漲了，才進場做多；股價已經明確下跌了，才進場放空。

我從亞當理論中學到了操作必須由大抄底演進到小抄底。大抄底關心的是數年（台灣平均是七年）循環的摸頭與抄底，而小抄底則必須忘掉循環中的頭部與底部，而去掌握一年中某些股票的上漲行情（不論此上漲行情是回升或反彈，通常期間是三至六個月）。

史洛門主張，賠錢的部位絕對不要加碼攤平。因為投資人若順勢操作，一定是看到股價已經明確上漲，才開始進場買股做多，如此操作是不會賠錢的；若投資人進場買股做多卻賠錢，表示他既看錯了方向，也做錯了方向，因此絕對不要加碼攤平，否則損失會更大。

史洛門是美國股市現象觀察與身心靈方面的專家。他聰明過人，努力探索生命的本質與存在的意義，有超出常人敏銳觀察事物的能力，除了亞當理論，股價的「對稱現象」（The Delta Phenomenon）也是他深入觀察美國股市之後的寶貴心得。

書中還特別強調要善設停損，無論多頭做多或空頭放空，都必須善設停損；最大的好處是賺錢時是獲利的一大波，虧錢時則是停損的一小波。

第十二本：古典的《躍遷》

根據新華字典的解釋，「躍遷」指的是原子跳躍轉變的過程；原子從一個能量狀態跳躍式轉變為另一個能量狀態的過程。

再從字面上解釋：「躍」指的是一種跨越的姿態；「遷」指的是有別於過去、產生大變化的過程。躍遷乃是用跨越之姿，讓自己產生大幅度的變化；其實古典的《躍遷》就是一本絕佳的現代成功學。

我把本書列入經典之一，因為書中大蟒蛇絞殺獵物的過程，神似我每次股價循環中的抄底。大蟒蛇的戰略非常清晰：

一、找到獵物豐盛之區：這很像我們在股價循環中找尋最恰當的位置。

二、待在池塘邊耐心等待：這很像我們每次的抄底，必須以無比的耐心等待底部區的到來。

三、機會來臨，瞬間絞殺：每次股價循環的底部區到

　　來時，要大膽地分批買進。

　　關於這三個過程，請參閱我撰寫的《逮到底部，大膽進場》一書。

　　另外，作者在第二章提到「在高價值區，做正確的事」，跟我常說的「找到恰當的位置，乃是一生中最重要的事」可說是不謀而合。

　　還有，作者在第三章提到功利學習、連線學習、終身學習，要把知識變成有價值的東西，更是擲地有聲。

　　研讀第五章〈內在修煉〉，更是獲益良多。我深刻體悟到畢生要追求真善美，以「真」見自己，以「善」見眾生，盼修得「美」見世間，我三十五年的寫作是以「真」見自己，臉書的貼文與每年開班授徒則是以「善」見眾生，最後盼望修得「美」世間（唐詩、宋詞、書牆、陶瓷、美酒、佳餚）。

　　第十三本：霍華・馬克斯（Howard Marks）的《掌握市場週期》（*Mastering the Market Cycle*）

　　本書是價值投資大師繼《投資最重要的事》（*The Most Important Thing Illuminated*）之後的重要著作，我認為這本書說出了投資股票時非常重要的兩件事：

一、市場有週期，股價有循環

投資人在確定股價有循環，那麼從股價循環中尋找買賣點變得極為關鍵。我認為闡述股價買賣點最清晰的，莫過於科斯托蘭尼的雞蛋圖與艾略特波浪理論的八段循環。

從科老的雞蛋圖（參圖 1-1）中可知，從 Y 點向上的上漲修正階段是好的買點，從 X 點向下的下跌修正階段是好賣點。Y 點也是我的長線抄底點。

從艾略特八波段的走勢圖中（參圖 1-2、1-3），a、c、e、g、i 是買點，b、d、f、h 是賣點。a 與 i 也是我的

圖 1-1 科斯托蘭尼的雞蛋理論

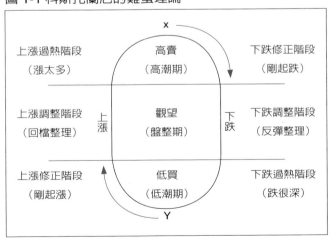

圖 1-2　艾略特八波段的完整走勢圖

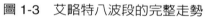
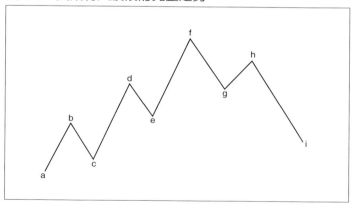

圖 1-3　艾略特八波段的完整走勢

大抄底點，而 c、e、g 則是我的小抄底點。

二、必須根據市場週期來調整資產配置

金融市場裡優異的基金經理人或對沖基金操盤手都深知在不同的市場週期（或市場位置），運用股票、債券、黃金等不同標的來做資產配置。從長期的觀察可知，進行資金配置不僅是分散風險而已，更是長期績效優劣的關鍵所在。

第十四本：薛兆亨與 Tivo 168 的《五線譜投資術》

我推薦此書，是因為其操作模式非常適合短線價差派賺取短線的價差。其操作方法簡便易行，根據股價趨勢線的上方和下方各加減兩個標準差，形成類似五線譜的五條線，而後在五線譜中進行操作：

一、股價碰觸到上面那條線即賣出，股價碰觸到下面那條線即買進，從中賺取價差。

二、此法類似 KD 線在短線的應用，即是用日 K 值來做短線，當日 K 值來到 10 即買進，當日 K 值來到 90 即賣出，從中賺取價差，這也是短線操作很好用的指標（參《抄底實戰 66 招》第 32 招）。

三、作者還提出一個很棒的分批加碼概念，買進股

大師鍊金術　　進行資金配置不僅是分散風險而已，更是長期績效優劣的關鍵所在。

後，跌 10% 加碼 10%，跌 20% 加碼 20%，跌 30% 加碼 30%，跌 40% 時全部買進。短線上漲時同理，漲 10% 時賣出 10%，漲 20% 賣出 20%，漲 30% 賣出 30%，漲 40% 時全部賣出。此種分批買進與賣出，下跌時愈買愈多，上漲時也是愈賣愈多的原則，值得參考。

第十五、十六、十七本：安納金的高手三書

安納金的高手三書包括《高手的養成 1》、《高手的養成 2》、《高手的養成 3》。

安納金是網路紅人，乃是近年崛起的投資高手，不但資歷完整、擁有合格分析師（CFA 美國特許分析師），而且有二十多年的操盤經驗，難得歷經了 2000 年的科技泡沫與 2008 年金融海嘯的洗禮，至今屹立不搖。

安納金的高手三書必須對照來看，我的意思是從三書之中讀出下面八個脈絡：

一、安納金的修鍊之路：《高手的養成 1》第一章。

二、新手必知的三個祕密：《高手的養成 1》第二章。

三、心法與心魔：《高手的養成 1》第三章、《高手的養成 2》第一章。

四、市場微結構，這是短線法寶：《高手的養成 2》第

四章、《高手的養成 3》第一章。

五、潮汐、波浪、漣漪，這是波浪理論精解：《高手的養成 2》第三章、《高手的養成 3》第二章。

六、波段操作：《高手的養成 2》第二章。

七、投資與投機：《高手的養成 3》第三章、《高手的養成 3》第五章。

八、離場與大空頭市場，這是華麗的轉身：《高手的養成 3》第四章、《高手的養成 1》第五章。

第十八、十九、二十本：郭泰的抄底三書

抄底的意思是，買在每次股價循環的底部區。

郭泰的抄底三書包括《抄底實戰 66 招》、《逮到底部，大膽進場》、《看準位置，只賺不賠》，因為抄底是我的信仰，所以我撰寫抄底三書。

抄底大不易，是一種修行，台股三十三年來也只有 1990 年 10 月的 2,485 點、2001 年 9 月的 3,411 點、2008 年 11 月的 3,955 點等三次機會，至於 1987 年 1 月的 1,039 點，吃到的人少之又少，姑且不論。

《抄底實戰 66 招》是抄底入門書，按理說是抄底三書最早出版的，實際上卻是最晚，於 2019 年 5 月才出版。

大師鍊金術

市場微結構是短線法寶；摸透市場的微結構，就逮到了短線的起起伏伏。

《逮到底部，大膽進場》是抄底進階書，此書最早於
2010 年 1 月出版，有八十小節；2018 年 6 月修訂增至一
百小節，老郭賣瓜，這是抄底的經典，不但不能錯過，還
得一讀再讀。

《看準位置，只賺不賠》於 2012 年出版，這是抄底理
論書，書中闡述了股票的十一個重要理論。包括價值理
論、循環理論、位置理論、時間理論、籌碼理論、棄取理
論、順勢理論、停損理論、抱股理論、主力理論、選股理
論。其中位置理論是我的創見。我在這本書的〈自序〉中
特別詳述了我苦讀二十本股市經典之後開悟的過程，值得
有心人深入體會。

我在每年的「抄底班」都會以這三本書為教材，要求
學員在上課之前必須熟讀此三書。而讀這三本書必須有先
後次序，須先讀《抄底實戰 66 招》，再讀《逮到底部，大
膽進場》，《看準位置，只賺不賠》不但是閱讀前面兩本
書時的重要參考書籍，讀到本書第九堂課〈每天寫看盤日
記〉時，更是很好的參考書籍。

特別值得一提的是，2020 年我由大抄底演進到小抄
底，大抄底追求的是平均七年（有時更久）才有一次的大
牛市行情，而小抄底追求的是小級別三至六個月的反彈

（或上漲）行情，大概掌握一至兩倍的利潤。我認為長線
的大抄底搭配短線的小抄底，不但解決了出手頻率的問
題，而且可以讓心情更加平順，長短互補，互相支援，也
能讓資金發揮最大的功效。這在第十二堂課〈從大抄底演
進到小抄底〉會詳加討論。

成為投資高手的最起碼投資

　　建議讀者把書找齊之後，全部買下來，假設每本均價
為 350 元，二十本就是 7,000 元，這是步入高手最起碼的
投資。

　　書買齊之後，請依自己的程度與需要，排列閱讀的先
後次序，可先定位自己是存股派、抄底派或短線價差派，
因應自己的需要安排閱讀次序，並依照個人喜好快速瀏覽
二十本書之後，再決定仔細閱讀的先後次序。

　　接著就是閉門苦讀。好好體會苦讀中的「苦」字，意
思是告訴你從一、兩成的懂，逐漸達到融會貫通的全懂。
為了融會貫通，一定要本本精讀、細讀；其次，不能間
斷，讀完一本又一本，懸梁刺股，持之以恆；要用想像力
深刻去體會是川銀藏苦讀成為高手的傳奇經歷。

大師鍊金術

長線的大抄底搭配短線的小抄底，彼此互補，既能掌握長線的脈動，又能賺到短線的價差。

我的經驗是兩週可讀完一本，二十本需要四十週，寬鬆一點，當成一年，不妨把它列為一年苦讀二十本經典的計畫。

每一本書讀完之後，不但畫記眉批，還要寫下心得報告，因為只有寫下心得報告才會真懂。我前面所寫的心得報告僅供你們參考，相信你們會讀出跟我不完全一樣的寶貴東西。

我的苦讀經驗請參閱《看準位置，只賺不賠》第22至29頁。坦白說，剛開始讀沒什麼感覺，可是在持續半年之後，效果逐漸浮現，價值理論、循環理論、位置理論、時間理論、籌碼理論、棄取理論、順勢理論、停損理論、抱股理論等逐一浮現。

根據我三十年的觀察，在股市要成為高手大概只有兩條路，一是苦讀經典，開悟成材；二是遍訪高手，拜師學藝（參第十堂課）。這一堂課就是告訴你第一個方法。

我誠懇邀請大家加入苦讀行列，千萬別小看苦讀的功效，一定會有驚人效果，這相當於在大學修一個股票系的學位。預祝你們苦讀成功！

第二堂課

決定成為存股派、
抄底派或短線價差派

或當存股派？或當抄底派？或當短線價差派？
只要適合自己就是最好的。
存股派與抄底派好比少林與武當，短線價差派則是華山，
只要運用得當，均能獲取大利潤。

根據獲利方式的不同，股市高手大概可區分為存股派、抄底派以及短線價差派。

存股派及其他代表人物

股票市場獲利來源主要有二：一是賺取股利，二是賺取價差。存股派賺取的是股利，依靠的是選股的功力。通常存股派高手的錢不會離開股市，但會依行情換持股。

「價值投資」（value investing）是存股派的中心思想，由 1930 年代美國著名基金管理人葛拉漢所創立，這套投資理論主要包括三個重要概念：

第一，葛拉漢堅信，投資人若以低於公司實際價值（true value）的股價買進，長期持有必定獲利。舉例來說，淨值為 30 元的股票，投資人若以 20 元買進，葛拉漢堅信，股價在一段時間之後必定會升到 30 元。

第二，葛拉漢認為，價值投資符合安全邊際效率（margin of safety）的原則，故能確保穩健獲利。

評估股票安全邊際的有效方法，葛拉漢認為就是拿該股票過去幾年的投資報酬率，與當時績優債券的投資報酬

率做比較。舉例來說，假設當時績優債券的年投資平均報酬率為 5%，而該股票的年平均報酬率為 7%，這麼一來，投資人就擁有了比績優債券報酬率高出 2% 的安全邊際。任何一檔股票若能連續十年均維持超過績優債券 5% 的投資報酬率，不但安全邊際較高，獲利的機率亦高。

第三，葛拉漢強調，採取安全邊際效率的方法去投資股票，最適合一般散戶。因為一般散戶沒有足夠的能力去研判其財務報表的真假，只要嚴守安全邊際的原則去購買股票，就不會吃虧。

在《智慧型股票投資人》一書中，葛拉漢為存股派列出了六項條件：

一、年營業額超過 1 億美元的民營企業，或年營業額超過 5,000 萬美元的公營企業。

二、公司流動投資產業至少是流動負債的 1.5 倍。

三、過去十年，年年獲利。

四、過去二十年，年年配發股利。

五、本益比低於 9 倍。

六、目前股價低於淨值的 1.5 倍。

大師鍊金術

存股派的中心思想來自葛拉漢的「價值投資」，他們堅持只買進物超所值的股票。

　　若用一句話來形容上述六個條件，即是體質優良、長期獲利佳、目前股價又處於低檔的績優公司。

　　我在拙作《逮到底部，大膽進場》一書第二節列舉了績優股崩盤買進致富法，指的是每逢股市崩盤時，亦即在每次股價循環的底部區時，買進高殖利率的績優股後不賣，幾年甚至幾十年長期持有，在股票高配息利滾利的操作下，賺取驚人的複利利潤，這正是存股派的標準做法。

　　股神巴菲特是價值理論的忠實信徒，當他深入分析某檔股票的市價遠低於真實價值，即大筆敲進，長期持有。

　　巴菲特心中的真實價值包括「公司淨值」、「營運狀態」、「獲利能力」、「產業趨勢」、「發展遠景」、「經營者操守與能力」等。他與葛拉漢最大的不同在於，巴老除了在乎公司淨值、營運狀態、獲利能力之外，也重視產業趨勢、發展遠景以及經營者的操守與能力。

　　近十二年來，台股走大多頭，存股派當道，高手如雲，我所知悉的有兩座山、楊禮軒、李忠孝等人。另外，林區也是公認的存股高手，他所著的《彼得林區選股戰略》、《彼得林區征服股海》、《彼得林區學以致富》三本書均值得拜讀。

抄底派及其代表人物

抄底派賺取的是長期價差，依靠的是抄底的功力。我在拙作《逮到底部，大膽進場》一書第二章列舉出底部出現的十一個訊號，與第三章〈底部進場買股的八個策略〉，對抄底派而言，可說大有用處。

在台灣，主張抄底的專家似乎不多，其代表人物有郭泰與安喜樂，前者著有抄底三書，後者是「全球商品抄底」網站社團的創辦人。

對抄底派而言，我認為在第一章中列舉的下面十一本書必須熟讀：

一、《一個投機者的告白》

二、《股市之神是川銀藏》

三、《股市作手回憶綠》

四、《超級績效》

五、《股價趨勢技術分析》

六、《亞當理論》

七、《躍遷》

八、《掌控市場週期》

抄底派賺取的是股價長期的驚人價差，通常他們不會在乎股票的真正價值。

九、《抄底實戰 66 招》

十、《逮到底部，大膽進場》

十一、《看準位置，只賺不賠》

抄底派固然利潤可觀（平均約有 5 倍的利潤），但也必須面臨下列三大挑戰：

一、**抄底不易**：通常新手怕上漲，老手怕摸底；新手見股價上漲，忍不住去追就套牢了，而老手喜愛摸底，常是摸底不見底，結果摸到了一條大白鯊。

二、**耐心等待**：以台股為例，一個大循環見底平均約要七年，有時更長。以 2008 年為例，至今已走了將近十三年多頭仍不見底，一般人無此耐心長期等待。

三、**抱股不易**：即使抄底成功，通常至少要抱一、兩年，才能賺到大波段的利潤，一般投資人均無此抱股的耐心，通常漲兩、三成就賣掉了。

比較存股派與抄底派

存股派與抄底派好比少林與武當，說不上孰優孰劣，

只要運用得當，均能獲取大利潤。

2015年2月上旬，在賢哥（也是股市高手）的安排下，我與存股派高手兩座山在宜蘭論劍，當時五線譜的薛兆亨教授與抱股名家李忠孝也在場，結論是：有人偏愛存股，有人適合抄底，只要操作得當，均能獲利。有趣的是，經過賢哥精算，兩派的利潤相當。

在宜蘭論劍中，我確定存股派的資金不會離開市場，面臨空頭市場亦復如此。兩座山曾質疑抄底派在高檔賣出後，資金閒置，浪費時間成本。感謝他的質疑，促使我的目光離開了台灣，轉向全球尋找抄底的標的，擴大了我抄底的視野與領域。

短線價差派及其代表人物

在股市，當天就一買一賣（或一賣一買）軋平的當沖，或是數天內完成買賣的短線客，均屬短線價差派，他們依賴的是短線精準的看盤功力。

我認為獲利最大的當屬短線價差派，簡單算一條帳給大家瞧瞧：台股每年平均約有240天的交易日，假設投資100萬，每天做短線或高出低進或低進高出，平均只要有

大師鍊金術 —— 獲利最大的是短線價差派，無論股票空間波與時間波的利潤都賺到了。

3% 的利潤就是 3 萬，3 萬乘以 240 天就是 720 萬，那是本金 100 萬的 7.2 倍，利潤驚人。即使只有 2% 的價差，每年亦達 480 萬。

短線價差派的高利潤，來自賺足了股市空間波與時間波的利潤，它帶給我極大的想像空間，然而似乎知易行難，僅僅知道阿魯米、唐豐山（丰山交易實單討論社版主）等人是這方面的高手。

早年我讀過陶崇恩編著的《短線法寶》，書中提到強弱指標 RSI、OX 圖（Point and Figure Chart）、騰落指數、漲跌幅測量、黃金分割律、心理線、TAPI 指標（Trading Amount Per Index）等，關於上述的技術分析指標，請參閱《抄底實戰 66 招》的第 32 至 51 招。

後來我讀到劉富生的《短線固定招式》，整本書 260 頁中，圖片占了八成。他教會我短線看 K 棒非常關鍵的一點，即一定要去選左低右高、呈現尖銳形態攻擊的股票，雖然簡要兩句話，卻值回票價。

最近研讀大陸作家李金明所寫的《短線天才》，他純粹以移動平均線為座標來判斷強勢股。有關這部分，請參閱我寫的《逮到底部，大膽進場》第 48 節〈移動平均線理論〉，而李金明最愛用的是 34MA（34 日均線）。

除此之外，要成為短線價差派的高手，我認為必須去看那檔股票的五分鐘K線圖、日K線江波圖的起承轉合、日K線形態、撐與壓等等。有關此部分，請參閱第十一堂課〈試圖建構失傳的本間宗久翁祕錄〉。

　　短線價差派最佳的操作時機，是在股價走多頭的一、三、五波過程中，既賺波段上漲的錢，又賺來回的短線價差，那是利潤的最大化。另外，在空頭行情的第七波反彈中，也是短線價差派的好時機。而個股的平台整理時，也是高出低進或低進高出賺取短線價差的大好時機。

要當哪一派？

　　或當存股派？或當抄底派？或當短線價差派？悉聽尊便，其實只要適合自己就是最好的。

　　過去我以抄底派高手自居，未來我期許磨練成為在抄底過程中兼做短線價差高手。這有點顛覆了我在《抄底實戰66招》第10招〈大錢留給中長線的人〉的觀念，我認為短線價差派亦屬高手，甚至可說是高手中的高手，因為他掌握了股價波動的特性，從中謀取到最大的利潤，若操作得當，其利潤甚至大於存股派與抄底派。壞處就是每天

大師鍊金術

要當少林、武當、華山的哪一派，悉聽尊便，因為無論哪一派都能領你致富。

盯盤，240 個開盤日全年無休。而且，似乎比較少見到公認的短線高手；或者應該說，那些短線高手都非常低調，不為人知。

　　然而，不同的派別也必須面對各自的挑戰。存股派必須面對空頭來臨時的試煉；抄底派必須很有耐心地等待崩盤後底部區的到來，常常一等就是好幾年；短線價差派則是每次在高出低進或低進高出時，都必須冒著看錯方向的風險，他們是壓力最大的投資人。

　　一般來說，既然是存股派就不太可能會是抄底派與短線價差派，因為存股派賺取的是股利，不像抄底派與短線價差派會賣出股票。

　　但也有例外，我讀嚴行方所寫的《巴菲特抄底股市 10 策》後才知道，巴菲特既是抄底派又是存股派，他是抄底成功之後買來存股長抱。

　　至於抄底派，卻有可能也是短線價差派，長線抄底成功之後兼著做短，或高出低進、或低進高出又賺價差，那是我心目中最理想的操作狀態（但是長線也有被洗出局的風險）。

巴菲特的抄底股市十策

　　根據嚴行方的觀察和剖析，巴菲特的抄底包括了下列十策：

一、現金在手想買什麼股票就買什麼。

二、盡量不去關心一時漲跌。

三、股市下跌要更關心的事。

四、分期建倉沒有最低只有更低。

五、合理利用市場先生的不理智。

六、重新發現錯失的良機。

七、善於利用股市壞消息。

八、把不利因素變有利因素。

九、不受悲觀情緒干擾。

十、股市愈跌愈是投資好時機。

大師鍊金術

不同派別各有其不同的優勢，他們各有所長，也各有所短。

第三堂課

謙卑地向大股東學習

在股市裡真正賺到大錢的，

不是投顧老師，不是投資機構，更不是一般散戶，

而是上市若干績優公司的大股東。

當股價在底部區附近時，若有大股東敢大筆敲進，

無異是給了我們考慮跟進的重要訊息。

為什麼要向大股東學習呢？不知道你有無發現一個有趣的事實：在股市裡真正賺到大錢的，不是投顧老師，不是投資機構，更不是一般散戶，而是上市若干績優公司的大股東。

這些上市績優公司的大小股東身價數億、數十億者比比皆是，他們根本不了解何謂技術分析，也不知股市裡的種種理論，更不理會什麼存股派、抄底派或短線價差派；他們永遠抱著自己公司的股票（這是標準的存股派），只有股價漲得太不像話時（通常是循環的頭部區）才會調節一番；也只有在股價跌到很離譜時（通常是股價崩盤到底時）才會回補買進，他們這是在做抄底派高手會做的事。

你發現了嗎？他們一方面長期持有賺取公司的配股配息（這是存股派），另一方面在股價崩盤到底時勇於買進，其實這是在抄自己公司股票的底（這是抄底派）。他們唯一不做的就是短線進出（這是短線價差派）。

複利是大股東獲利之鑰

績優公司的大股東為何都是億萬富翁呢？表面上看，他們賺的是股利與價差，其實是長期累積的複利。

愛因斯坦曾說過，複利是世界的第八大奇蹟。那麼，什麼是複利？複利又要怎麼計算呢？

顧名思義，複利並非單單從本金所賺的利息收入，而是利滾利，亦即由本金加所賺的利息，再投入之後以複利形式去推算。假設每年獲利不變，投資的時間愈長，複利的效果會愈驚人。

舉個實例，假設投資本金是 10 萬，而投資回報的年利率是 10%，每年收取股利一次，用利滾利的方式投資了兩年時間，兩年後複利回報的計算方式如下：

第一年：100,000 元 ×（1+10%）＝ 110,000 元

第二年：（本金由 10 萬增至 11 萬）110,000 元 ×（1+10%）＝ 121,000 元

兩年後最終的總金額是 121,000 元，亦即用複利方式賺到的金額是 21,000 元。

假如連續投資十年，而每年投資回報的年利率都是 10%，則十年後的複利總和 ＝ $100,000 \times (1+10\%)^{10}$ ＝ 259,374.2 元，10 萬元複利投資十年，利潤高達將近 16 萬元，這就是複利的威力。

我在操作《逮到底部，大膽進場》一書第二節介紹過的績優股崩盤買進致富法，那是指每當股市崩盤時，也就

大師鍊金術

真正賺到最多錢的是大股東，這是市場所呈現出最真實的場景。

是在每次股價循環的底部區時，買進高殖利率的績優股之後，當股東長期持有根本不賣，在採取高配息利滾利的操作下賺取複利的驚人利潤。

台灣塑膠龍頭股台塑（1301）自 1964 年上市迄今近六十年，是一檔長期獲利穩定的績優股，長期平均獲利率約有 15%。假設投資人在 1964 年以 100 萬元買進台塑股票，然後只買不賣、長期持有，以利滾利的複利方式操作，亦即每年 15% 的配息又變成本金，在當年股價低檔時再買進。十年後，這 100 萬元會增值 4 倍到 404 萬元；十七年後，這 100 萬元會增值 10 倍到 1,076 萬元；三十三年後，這 100 萬元會增值 100 倍達到 1 億 70 萬元。

當然，這是想當然耳的長期累積複利所產生的驚人結果。事實上，長期投資要能產生複利的驚人效果，沒有理論上計算的那麼簡單，因為它牽涉到下面六個問題：

一、必須挑選年年獲利的績優公司

複利之所以會產生驚人的效果，在於該上市公司年年獲利，不可以有不穩定的現象。譬如說，該公司前兩年都有 10% 的獲利，但第三年虧損了，於是這三年的虧損就會影響到前兩年的獲利，甚至轉盈為虧。因此長期年年獲

利是必要條件，具備這種條件的上市公司並不多。

二、必須堅持利滾利的操作模式

每年從股票中所賺的利息（股息），必須堅持繼續投入買股票，倘若不能堅持，賺到的錢都拿去花用，複利的效果就蕩然無存了。

三、必須有當股東的真正心態

要從複利中見到效果，僅僅抱股兩三年是不夠的，一般至少要抱個十年、二十年才會見效。這時建立真正股東的心態就很重要了。

一般來說，投資人透過交易市場買入某公司的股票，理所當然成為該公司股東，然而，一般投資人都是過客心態，左手進、右手出賺價差，沒把自己當成真正股東。

若有心要賺到複利，必須在買進股票時有當股東的真正心態，既然買進了，沒有抱個十年、二十年就絕不輕易賣出。

四、不借貸買股

有人運用槓桿，拿房子抵押向銀行用較低利率借出一

筆款項,然後用這筆錢到股市買股,設想賺取複利。此種以低利率賺取複利的做法並不可行,因為向銀行貸款是要固定支付利息的,而投資股票的複利效果是不可知的,容易落入要用不穩定的收入去支付穩定支出的尷尬現象。

五、遇到股價暴漲時

追求複利、長抱股票十年以上的話,一定會碰到股價在循環過程中暴漲的現象,這時要賣出持股嗎?倘若堅持追求複利效果則仍應抱牢持股,不應賣出;但股價若漲得太離譜,譬如說超過 5 倍時,亦可考慮賣出。

六、遇到股價暴跌時

追求複利、長抱股票十年以上的話,很有可能會遇到股價在循環過程中崩跌的現象,這時應冷靜因應,按原本的計畫買進,甚至可考慮加碼買進。

有沒有人運用複利投資股票而致富呢?據我所知有兩位,一位是台塑前董事長李志村,一位是百歲人瑞葛瑞斯(Grace Groner)。

李志村在 1983 年(時任台塑副總經理)以 100 萬元

買進台塑股票，用利滾利的方式操作，十四年後，原本投資的 100 萬元增值到 1,400 萬元，上漲 14 倍，這是當時《工商時報》的報導。如果根據複利計算，李志村要持續複利操作十九年才會達成，結果他用十四年就完成了，這期間有可能台塑有若干年的獲利率高於 15%，導致他提前五年達成了。

　　至於百歲人瑞葛瑞絲，她是個獨居老人，終身未婚。1935 年，她花了 180 美元（根據物價指數推算，大約是現在的 2,800 美元，為當時上班族一個月的薪水）買了三張亞培藥廠（ABT）股票（她當時在亞培藥廠擔任祕書），經過多次的股利再投資（利滾利）與股票分割，到了七十五年後的 2010 年，總計持有 12 萬 7,000 股，以 2010 年亞培每股 55 美元計算，大約價值 700 萬美元。

　　簡言之，葛瑞絲在 1935 年以 180 美元買進三張亞培藥廠股票，運用複利的方式，經過七十五年之後滾出了 700 萬元。這是複利創造奇蹟的實例。根據《芝加哥論壇報》（*Chicago Tribune*）2010 年 3 月的報導，她過世後，把價值 700 萬美元的股票遺產，全數捐贈給她的母校森林湖學院（Lake Forest College）。

大師鍊金術

若有心要賺到複利，必須在買進股票時有當股東的真正心態，沒有抱個十年、二十年絕不輕易賣出。

謙卑追隨大股東，既存股又抄底

除了上述的複利，我認為我們應當謙卑地向大股東學習下列四點：

一、謹慎挑選長期配股配息的績優公司

上市績優公司的大股東會成為億萬富翁的主因，是公司長期績效良好，年年配股配息。因此投資時若放眼複利的果效，一定要從上市的兩千多家公司中挑選公司績優、年年有配股配息者。

著眼高配股配息固然很好，不過若行情處在空頭的跌勢，股票配股配息之後很可能無法填息而下跌，造成賺了股票股息卻賠掉股價的情形，因此投資人買進的時點也需要謹慎斟酌。

二、追隨大股東當存股派

前面說過，大股東永遠抱著自己公司的股票，長期持有賺取公司的配股配息，絕不賣出，這是標準的存股派，只有股價飆漲得太不像話時，才會調節一番。

三、追隨大股東當抄底派

前面說過，當崩盤股價跌到很離譜、大股東回補買進時，我們也要勇於跟隨買進。我每次在國內外抄各家公司的底部時，會特別留意大股東的動向。

2008 年 10 月間，台股崩盤時，我親口問一家上市公司老闆，是否可以買進他們公司的股票？他答道：「我也不知道股價是否會繼續下跌，但跌到這裡已經很便宜了，我們會進場去買一些回來。」

當股價在底部區附近時，風聲鶴唳，草木皆兵，人人自危，此時若有大股東敢大筆敲進，無異是給了我們可以考慮跟進的重要訊息。當然，大股東買進之時，並非保證一定就是底部，股價常常在大股東買進之後還會下跌一段，那個地方雖然不是底部，卻會是底部區附近。

四、既當抄底派又當存股派

績優公司的大股東除了高檔調節（散戶就是高檔捨不得賣，貪婪求其更高）、低檔崩盤回補（股價崩盤來到底部區時，散戶反而裹足不前）賺價差之外，還能享受到公司的配股配息，他們既是抄底派，又是存股派，價差與股利兩頭賺，當然是股市裡的最大贏家。

大師鍊金術

大股東買進之時，並非保證就是底部，卻會是底部區附近。

請注意,他們唯一不做的就是短線價差派。有關這一點,第十二堂課會再深入研究討論。

投資人的最愛:成長股

在這堂課裡,我想順便談談投資人最感興趣的成長股,因為這也是向大股東學習的重要部分。

何謂成長股呢?根據「百度百科」的解釋:「成長股是指發行股票時規模並不大,但公司的業務蒸蒸日上。管理良好、利潤豐厚、產品在市場上有較強競爭力的上市公司。」簡言之,成長股是指那些因產品在七至十年內高速成長,導致股價水漲船高、跟隨飆漲的股票。

一般來說,必須具備下列五個特點:

一、產品具備優勢,市場開發能力很強。

二、經營團隊理念清晰,競爭力很強。

三、在該行業中很明顯地已經嶄露頭角。

四、公司的獲利能力年年呈現大幅度成長。

五、股價在十年內上漲至 10 倍。

顧名思義，成長股就是在一段期間內（通常是十年）不斷地茁壯成長的企業。此種成長型企業不但會吸引一流人才，而且會吸引大筆資金，在持續良性循環之下，再刺激企業成長，為投資人帶來驚人的利潤。

台灣上市公司中的成長股屈指可數，譬如 1992 年的鴻海（2317）、2004 年的宏達電（2498）、2008 年的台積電（2330）、2008 年的大立光（3008）、2008 年的儒鴻（1476）等。

鴻海在 1993 年最低價是 37.5 元，2000 年最高價是 381 元；宏達電 2004 年最低價是 100.5 元，2007 年最高價是 1,220 元；台積電 2008 年最低價為 36.4 元，2020 年最高價是 525 元；大立光 2008 年最低價 167 元，2017 年最高價 6,075 元；儒鴻 2008 年最低價 8 元，2015 年最高價 549 元。

這五檔股票中，漲幅最大的是儒鴻，上漲了 68 倍；其次是大立光，上漲了 36 倍；再其次是台積電，上漲了 14.5 倍；然後是宏達電上漲了 12 倍，鴻海上漲了 10 倍。上述上漲的倍數還沒加上這段期間每年的配股配息。

就拿敬陪末座的鴻海來說，如果在 1992 年以最低價 37.5 元買進 100 萬元，而且持股都沒賣，到了 2000 年的

最高價 381 元才賣掉，每年漲幅加上配股配息，獲利高達 100 倍，立刻成為億萬富翁。

　　成長股可遇而不可求，一般的散戶都沒有能力找到成長股，即使是在電視上解盤的投顧老師，也沒有足夠能力發現成長股，只有投信與外資等法人機構擁有一群學有專精的研究團隊，要找到成長股才比較有可能。

為何捨「謙虛」堅持用「謙卑」？

　　最後，我特別要點出第三堂課為何用「謙卑」而不用「謙虛」。這是來自《聖經・彼得前書》五章五節的經文：「就是你們眾人也都要以謙卑束腰，彼此順服，因為神阻擋驕傲的人，賜恩給謙卑的人。」

　　根據《聖經・箴言》二十二章四節明示：「敬畏耶和華心存謙卑，就得富有、尊榮、生命為賞賜。」

　　另外，《聖經》裡解說謙卑，當以〈腓立比書〉二章三至十一節最為重要：「凡事不可結黨，不可貪圖虛浮的榮耀，只要有心謙卑，各人看別人比自己強。各人不要單顧自己的事，也要顧別人的事。」

　　「你們當以基督耶穌的心為心。

「他本有神的形象，不以自己與神同等為強奪，反倒虛己，取了奴僕的形象，成為人的樣式；既有人的樣子，就自己卑微，存心順服，以至於死，且死在十字架上。

「所以神將他升為至高，又賜給他那超乎萬名之上的名，叫一切在天上的、地上的和地底下的，因耶穌的名無不屈服，無不口稱耶穌基督為主，使榮耀歸於父神。」

謙卑的相反就是驕傲，〈箴言〉十六章五節提到：「凡心裡驕傲的，為耶和華所憎惡，明示神厭惡心裡驕傲的人。」

所以，我們一定要謙卑地向大股東學習。

大師鍊金術────謙卑地向大股東學習，因為大股東是公認獲利最大的一群人。

第四堂課

抱股是存股派與
抄底派的共同特質

不論存股派或抄底派，

要賺到大錢，都必須具備抱股的特質。

「位置理論」是我在股市中的創見，

抱股一定要配合位置理論來使用，成效最佳。

不論存股派或抄底派，要賺到大錢，他們都必須具備抱股的特質。

存股派的抱股

據我所知，存股派高手的資金不會離開股市，他們只會換股操作，在多頭行情時挑選攻擊性強、會漲的強勢股票，在空頭行情時挑選防禦性強、抗跌的股票。他們無論多空行情，一直抱著股票。畢竟在面臨空頭行情時慘烈的追殺，能忍得住的才算是存股派高手；當然，他們也懂得在空頭時放空期指來避險，抱現貨、空期指，這也是法人常用的手法。

我曾經質疑存股派，為何他們明明知道股價在高檔，卻不學大股東調節呢？後來我慢慢知道原因，存股派著眼在股息與股利，所以持股不願售出（沒有持股就領不到股息與股利，這是他們的信仰），此其一；另外，他們認為高檔售出持股，低檔何時補回不易拿捏，最後造成資金閒置現象，此其二。因此其資金永遠會留在股市裡，永遠持股滿檔，永遠抱著股票，永遠享受配股配息的樂趣。他們會換股，但資金不會離開股市。

台灣股市近十三年來走大多頭，存股派高手很多，其中我最佩服的是兩座山。2015 年 2 月上旬在好友賢哥安排下，我赴宜蘭與兩座山論劍（當時「五線譜」的薛兆亨與存股派高手李忠孝均在場），他與一般存股派高手最大不同在於：絕不融資買股，而且運用以股換股的操作模式。

他告訴我換股的時機與方式如下：

一、**當股價變貴時**：賣高本益比個股，換低本益比個股。

二、**當配息變少時**：賣低配息個股，換高配息個股。

三、**當大盤即將出現轉折時**：賣防禦股，換高成長股（空轉多）；或賣成長股，換防禦型股票（多轉空）。

另外，兩座山會檢視個股空頭時的四種表現，提前擬妥換股策略：

一、**EPS 持穩不降，股價卻下跌**：這表示是高本益比股，股價有被修正的風險，應降低持股。

二、**EPS 下跌，股價也下跌**：這可能是景氣循環股，應降低持股。

存股派永遠抱著股票，他們著眼在長期的股利與長期的價差。

79

　　三、EPS 持穩，股價抗跌或上漲：這表示是低本益比股，而且是讓人拍手叫好的成長股，應續抱。

　　四、EPS 下跌，股價抗跌或上漲：這表示是跌無可跌的價值股，這是好股票，應安心長抱。

　　另外，存股派必須特別留意持股每年配息的過程中，股本是否有不對稱的膨脹。千萬不可因股本的膨脹造成股價的下跌，吞吃了股利的收入，那就是因小失大了。這幾年的佳格（1227）即是一例。

　　有些用融資買股的存股派高手，他們最怕的是空頭來襲。在歷史長河的空頭行情中，曾經收拾過無數擴張信用、用融資買股的存股派高手，這是股市裡最慘烈、最殘酷的場景。三十三年來，我歷經 2,485 點、3,411 點、3,955 點，每次都屍橫遍野，慘不認睹。

　　我常勸人不要融資買股，因為必須面對利息、斷頭、還款等三種壓力，一旦空頭來襲，或驚慌殺出持股，或被斷頭賣出，非常淒慘。

抄底派的抱股

抄底派的高手抄底成功後，或賺取第一波與第三波等兩個大波，或賺取第一、第三及第五等三個大波，都需要很有耐心地長時間抱股。一般來說，前者大約要抱一兩年，後者大約要抱六、七年，這是經驗法則。

抄底派在底部買進後，或抱到月線第三波，或抱到月線第五波，來到高檔即售出持股。缺點是空頭行情若不放空，資金會閒置浪費。我不喜放空，因此空頭行情時選擇遊山玩水，或到全球尋找抄底標的，盡量不讓資金閒置。

李佛摩有句名言：「在多頭行情裡，你們只需要做兩件事，底部買進與緊抱持股，然後忘記擁有的股票，一直到多頭行情即將結束為止。」他這句話是對抄底派說的。

我認為抄底不難，抱股最難。投資人在底部買進的股票一定要緊抱，直到大波段走完再出脫，這樣才能賺到倍數利潤，這是抄底派的大課題。對抄底派而言，何時抄底出手？怎樣耐心抱股？如何處理空手？樣樣都是學問。

我在拙作《看準位置，只賺不賠》第九章列舉了抱股的十二個技巧：

大師鍊金術 ── 抄底派會從底部一直抱到頭部，他們不看股利，主要是看幾年的價差。

一、一定要深刻體認到抱股會有倍數的利潤。

二、根據我的經驗，只要在底部區買進的股票，因為成本夠低，不怕洗，比較抱得住。

三、底部買進後，第一波上漲抱住不難，第二波回檔修正時抱住困難。此時的因應對策是，實在抱不住就賣掉一些（譬如三分之一），然後在第二波拉回的次低點加碼補回來。

四、主力一定會震盪洗盤，此時抱股一定要有充分的心理準備。

五、底部區買進股票後，建議一週看一次盤。

六、底部區抄底成功後，立刻安排一趟旅行，根本不看盤。不看盤，心不癢就不會想賣。

七、抱股的關鍵在心魔，必須修心。

八、抱股至少抱到第三波月 KD 死亡交叉走人。

九、若單腳直線上攻，月線第一波即發生月 KD 死亡交叉，先賣三分之一，待月線第二波回檔時補回賺價差。

十、牢記王建煊的名言：「手中有股票，心中無股價。」

十一、抱股是違反人性的，但為了賺錢，必須勉強自己做到。

十二、個人的慘痛經驗，若上述種種都做不到的話，錯失一次發大財的機會，從中學到教訓，下一次機會再來自然而然就會做到了。我在 3,411 點沒抱住，3,955 點就抱住了。

大股東的抱股

對大股東來說，抱股乃天經地義的事。一般來說，很少聽到大股東要賣股的消息，即使他們要賣出部分持股，也必須公開申報，並向金管會報備。

根據證券交易法第二十五條規定，董事、監察人、經理人及持股超過 10% 的股東，持有的股票種類及股數都應向主管機關申報並公告。此法不但規定大股東要申報，而且持股若有變動也要申報。

據我所知，大股東視抱股為理所當然，不會輕易買賣自家公司股票，除非股價飆漲得很離譜或超跌得不像話，才會調節一點。飆漲時會賣一點，超跌時會買一點。

一般散戶對買進的持股忠誠度不高，比起大股東要差很多，隨意買賣是家常便飯，只有少數存股派高手例外。

大師鍊金術───抱股是違反人性的，但為了賺錢，必須勉強自己做到。

83

配合位置理論來抱股

「位置理論」是我在股市中的創見，抱股一定要配合位置理論來使用，成效最佳，其原則如下：

一、抱股最佳的位置，就是在底部區（即第一波的低點）買進之處。它是多頭的起漲點，根據波浪理論仍要走五波的多頭行情才會見頂，因此此處乃最佳買點，也是最佳抱股位置。

二、抱股次佳的位置，就是在次底部區（即第二波的低點）買進的股票。雖然股票已經走完第一波與第二波，但仍要走第三波、第四波、第五波之後才會見到頭部，所以此處是次佳買點，也是次佳抱股位置。

三、如果投資人追高了，買進的位置是在第一波的高點，就必須忍受第二波拉回修正時股價下跌的折磨。然而隨著股票繼續走第三波的上漲，短套之後很快就會解套。

四、如果投資人買進的位置是在第三波高點，那就會有風險。若此股走五波多頭，再來會走第四波回檔修正與第五波的上漲，仍有解套機會；若此股僅走三波多頭（有些股票僅走三波多頭），不再有第四波與第五波，這時就

會被套在高點。

五、如果投資人買進的位置是在第四波的低點，仍有風險，若此股走五波多頭，再來會走第五波的上漲，仍有賺頭；若此股僅走三波多頭，此處第四波的修正就變成空頭 A 波的修正，B 波稍做反彈後，就是慘烈的 C 波下跌，稍不留神就會受傷。

六、如果投資人買進的位置是在第五波的高點，此處乃高點的頭部區，宜賣不宜買，此處買進是錯誤的。

七、如果投資人買進的位置是在第六波的低點，再來股價要走的是俗稱「逃命波」的第七波，此時有價差就要趕緊出脫，以避開接下來最慘烈的第八波（俗稱「殺 C」）。如果投資人不幸買在第五波的高點，應趁第七波的反彈，趕緊認賠賣出走人。

八、如果投資人買進的位置是在第七波的高點，那是最糟糕的情況；此處乃最佳空點，宜賣不宜買，許多投資人因在此處買進而賠了大錢。最淒慘的莫過於在此處買進之後，不但緊抱持股，甚至向下攤平，導致愈買愈多、套愈多，最後忍受不了持續下跌，如排山倒海般的壓力而悉數賣出（C 波下殺的力道，很少人能承受得住）。

九、嚴格說來，位置理論的精髓就在：只有底部區與

次底部區買進的股票能夠緊抱、長抱。若是選錯了位置（第五波或第七波高點），其結果必定是：抱得愈多愈久，虧損愈大。

十、抱股最保險的做法是，在底部區（即第一波起漲點）大膽買進之後抱牢持股，等股票走到第三波的高點即毅然賣出，亦即手中持股只要賺到第一波與第三波的漲幅就夠了，剩下第五波的漲幅留給別人賺。不論大盤或個股，多頭行情走五波或三波，無論哪一種走法，第一波與第三波的漲幅都賺到了，所以是最保險的做法。

李佛摩的抱股

抱股是美國投機大師李佛摩操作股票的重要原則，他在《傑西・李佛摩股市操盤術》一書中明確指出，假如股價從反轉關鍵點（底部區或次底部區）往上走，他會放心大膽地抱著它；只要我的部位是賺錢的，我會完全放鬆、氣定神閒地觀察股票走勢，什麼事都不必做，直到結束交易時機（指多頭行情走完，頭部出現時）的來臨。

說到李佛摩的抱牢持股，在經典《股票作手回憶錄》一書中有一段膾炙人口的故事，那是一位名叫白粹奇（綽

號老火雞）與一位名叫哈伍德的短線客在號子裡的一段經
典的對話：

「不久之前我推薦你買進的那支克萊美汽車（Climax
Motors），到今天為止已經獲利不少，我勸你趕緊獲利了
結。」

老火雞笑笑沒作答。

「我已經把手中的克萊美汽車都賣光了。可靠消息來
源告訴我，這一檔應該會回檔了，屆時我們可以用更低的
價格買回來。」

老火雞絲毫不為所動，只是淡淡地答道：「多謝你的
好意，可是我不會賣出股票，你知道嗎？這是個多頭行情
的起漲點，為了這個經驗，我曾經付出昂貴的代價。」

老火雞繼續說：「哈伍德先生，謝謝你的好意，等你
像我這一把年紀，歷經幾次景氣的繁榮與恐慌之後，你會
了解一個投資人此時此刻絕對不能失去部位，我絕對承受
不起。」

這兩人的對話讓李佛摩感慨良多。他回想起自己多年
的操作經驗，雖然曾多次看對多頭行情，並在底部區大膽

買進，卻僅賺到蠅頭小利，沒有賺到應有整波段的倍數利潤，問題都是出在暫時想要獲利了結的人性弱點上。投資人一旦短視賣出值得長抱的股票，股價往上走，你就再也下不了手追回來了。

李佛摩強調，懂得股價循環、逮到底部的人很多，但吃完整個大波段的人很少。大部分逮到底部的人在底部買進之後，賺個兩三成就獲利了結，賺不足整個波段。主要問題出在做不到「抱牢持股，縮手不動」這八個字；抄底不難，抱股最難，只有像老火雞這樣吃過幾次「先賣出」苦頭的人，才能深刻體會到抱牢持股的好處，也才能賺足整個波段的大錢。

李佛摩告誡投資人：「在多頭行情裡，你們只需要做兩件事，底部買進並抱牢持股，然後忘記你擁有的股票，一直到多頭行情即將結束為止。」

股道酬忍

我曾在網路上看到很有意義的十六個字：「天道酬勤，地道酬善，人道酬誠，商道酬信。」那麼股道呢？我認為是「股道酬忍」。

投資人每次在第三波或第五波的高點賣出之後，要等到底部區到來，這需要忍耐；底部區打底盤整一直到發動起漲，這也需要忍耐；從底部區抱到頭部區高點往往好幾年，這更需要忍耐。

　　投資大師科斯托蘭尼有句名言：「股市裡所賺的錢往往不是靠腦袋，而是靠坐功。」什麼是坐功呢？就是忍耐，就是股道酬忍啊！

　　這是我三十年股市浮沉最深刻的體悟，「股道酬忍」，道理很簡單，但做到很難，百不得其一，你會是那 1% 嗎？祝福你！

　　如果你也是抄底派的信仰者，請記住下面這兩句話：只有在多頭市場裡適宜抱股作長；抄底派在空頭市場搶反彈做多的保命之道，就是當一名懂得管控部位、停損停利的短線交易者（參見第五堂課）。

大師鍊金術

股道酬忍。一定要忍人所不能忍，才能賺到別人賺不到的大錢。

第五堂課

停損與停利
應隨時謹記在心

對於短線價差派而言，停損與停利同樣重要，

停損能以小虧損平安離場，

而停利則能確保每次的利潤，

集多次的小利潤為大利潤。

這一堂課包括了停損與停利，對短線價差派而言，這是至關重要的一課，當他們投入股市之後必須隨時提醒自己，牢記在心。

短線價差派停損的三個要點

先說停損，顧名思義，這是設立停止損失點。短線價差派投資人買進股票之後，當下就同時要設立一個認賠的停止損失點，當股價下跌到此一停損點時，二話不說，毅然賣出，認賠出場。

「停損」這個概念是由美國股市天才史洛門在《亞當理論》一書中提出的，他的論點主要包括下列三部分：

第一，進場之時，即設停損。

任何時刻，只要你進場下單買股的同時，就必須設下一個停損的價格，以防萬一買錯方向時能夠小虧之下平安出場。

任何短線價差派買進股票，都希望買進之後股價上漲，以便賺到其間的價差。可是如果事與願違，你誤判行情，看錯了方向，此時要怎麼辦呢？史洛門想出了嚴設停

損的好辦法。他主張投資人進場買股，想賺之前要先想到賠，亦即在進場之前先想到這筆交易自己願意賠多少，是一成、一成五還是兩成，然後這個停損點才能以小虧損帶你安全出場。

第二，設定的停損，板上釘釘，絕不能更動。

為什麼停損價絕不能更動呢？因為在進場前設定的停損價，是投資人深思熟慮後設立的，比較能夠保持客觀公正；當買進股票擁有部位之後，因私慾作祟，就不再客觀公正了。此時，萬一股價下跌，總會找一些理由來說服自己，導致置先前設定的停損價於不顧，或是更動自己原先設立的停損價，最後造成無法彌補的損失。

第三，千萬不可因小失大，造成嚴重後果。

絕對不可以讓合理的小損失因忽視停損，演變成不可收拾的大損失；每次重大跌勢，起初看起來都是小幅度的拉回整理，因此一定要嚴設停損。留得青山在，不怕沒柴燒，最怕的是不設停損，把整座森林都燒光了。

短線價差派獲利的祕訣無非就是賺大賠小，意思是如果看對行情，一賺就是大波段的倍數利潤；如果看錯行

大師鍊金術 ——

對短線價差派而言，停損停利至關重要，那既是護身符，也是獲利之鑰。

93

情，賠一小比率，停損走人。史洛門建議，每一筆操作或任何一天的操作，把虧損嚴格訂在 10% 之內。

為何嚴設停損點如此重要呢？因為投入股市，人人都會犯錯，就算是股市頂尖高手也不例外。

我要說的是美國投機大師李佛摩。1900 年，他同時做多棉花與小麥的期貨，雖然經驗與盤勢告訴他，棉花即將走入空頭，但他還是採信專家的建議，大筆敲進棉花的期貨多單。結果小麥獲利豐厚，棉花卻虧損累累。

李佛摩非但沒有停損棉花，還持續加碼攤平，並把賺錢的小麥多單賣掉，不斷加碼向下凹單，導致慘賠數百萬美元收場，成為他一生最慘烈的教訓。

從此之後，他嚴設停損，不論做多或做空，當看錯行情虧損達 10% 時，立刻認賠出場。

嚴設停損的方法

我們既然知道在短線價差派之中嚴設停損的重要，那麼要怎樣去設停損呢？一般來說有下面三種方法：

一、當股價跌破一定的百分比時

此法簡便易行，即在買進股票之後就設下一定的百分比作為停損，或是 10%，或是 15%，或是 20%，當股價跌破自己事先設定的百分比時，毫不猶豫，斷然賣出。

方法雖然簡單，但停損的百分比不好拿捏，前述史洛門建議設定 10%，李佛摩也主張設在 10%，香港股市高手曹仁超則以 15% 為停損。

我的朋友林宗賢提出一個創新的滾動式停損，也就是根據大盤指數來決定停損的百分比，例如在 15,000 點以上時 3%，13,000 至 14,000 點時 5%，12,000 到 13,000 點時 10%，12,000 點以下時 15%，很有參考價值。

設百分比為停損，必須特別留意下跌到 20 至 25% 的狀況。根據我的實戰經驗，主力在操作一檔股票上漲到某一時點，習慣下跌 20 至 25% 來個洗盤。關於這部分，第十二堂課會深入剖析。

二、當買進的理由消失時

我們為了賺取短線價差而買進某檔股票，必定有種種原因，有時候著眼在客觀環境（譬如說疫情爆發時的生技股），有時候著眼在業績大好（譬如說疫情之時的航運

大師鍊金術 ——— 嚴設停損有三個方法，我通常都用跌破重要的支撐這個方法。

股），有時著眼在新人新政（譬如說拜登當選後的基礎建設股），有時著眼在產品暢銷（譬如說 2020 年特斯拉電動汽車的大賣）等等，當買進的理由改變或消失時，通常股價漲勢告一段落、甚至由多轉空時，即應認賠賣出。

三、當股價跌破重要的支撐點時

支撐與壓力在技術分析中占了很重要的考量因素。股價在多頭行情中，當跌落到技術線形的支撐點時，就會吸引買盤介入，促使股價獲得支撐，此時股價若能止跌回穩，則應抱牢持股；相反地，倘若跌破重要支撐點，將會有另一波段跌幅，這時應該賣出股票，認賠了事。

要從 K 線的技術線形中看出重要的支撐點，需要一定程度的功力，一般投資人欠缺此項能力。

放空者更需嚴設停損

特別值得一提的是，放空時一定要記得設停損。前面提到嚴設停損的三種方法，都是針對做多的投資人說的，現在我要談談放空的投資人怎樣嚴設停損。

放空就是做空，乃相對於做多而言。投資人看壞未來

的股價走勢，先向證券金融公司融券（即借出股票）賣出後，等股價跌到相對低點時回補，從中賺到價差，此種先賣後買的行為稱為放空。

為何我強調放空者比做多者更需要設停損呢？第一，投資人融券放空之後，萬一股價不跌反漲被軋空，其虧損往往數倍於放空賺進的金額，理論上被軋的股價會持續向上，將承受巨大壓力。第二，台股從長期趨勢去觀察，股價走空頭的時間大約只有走多頭時間的三分之一強，故勝算較低。第三，放空者的條件遠不及做多者。台股兩千多檔股票中，能在平盤以下放空者，僅限於台灣 50 成分股與中型 100 成分股這一百五十檔股票，多空條件不平等。還有，一旦股市陷入低迷，政府為了挽救股市，常常會下令所有股票平盤以下不得放空，甚至全面禁止放空。

短線價差派的停利策略

再說停利。顧名思義，這是設立停止利潤點；短線價差派投資人買進股票之後，股價果然依照事先的研判逐步向上漲，在漲幅達到一定程度後，必須設立停止利潤點，以便當股價回檔跌到此價位時果斷賣出，確保自己價差的

利潤。

停利與停損完全不同，停利是買進後賺錢，設停利點是為了確保利潤；停損是買進後賠錢，設停損點是為了確認損害，防止小害變成大害。

對於短線價差派而言，停損與停利同樣重要，停損能以小虧損平安離場，而停利則能確保每次的利潤，集多次的小利潤為大利潤。

前面曾論述過嚴設停損有三個方法，無獨有偶，設立停利也有三個方法：

一、當股價上漲至一定的百分比時

此法簡便易行，即在買進股票之後，就設下一定的百分比作為停利，或是 10%，或是 20%，或是 30%。當股價上漲到事先設定的百分比，便毫不猶豫地斷然停利賣出。

方法雖然簡單，但是停利的百分比不好拿捏，舉例來說，假設你設定的停利是 20%，而當你賣出後股價繼續上漲至 30%，甚至 40%，你會因此懊惱不已。或可考慮採取分批滾動式停利，區分為 10%、20%、30%、40% 四個階段分批賣出，漲幅愈大賣得愈多。亦即漲 10% 時賣出一成，漲 20% 時賣出兩成，漲 30% 時賣出三成，漲 40% 時

賣出四成。

二、當買進的理由已經實現時

股價通常是反應未來的，當你買進的理由已經實現或公諸於世時，就是你獲利了結之時了。

譬如說新冠疫情爆發後的生技股，當股價飆漲一大段之後，此時買進的理由均已完全反映在股價時，面對不斷飆漲的股價，正是獲利了結之時；再譬如說新冠疫情發生之後的航運股，因貨輪一位難求，造成沉寂多年的股價飆漲，在漲幅達一定的幅度，股價已經完全反映利多之時，就是獲利了結之時。

三、當股價上漲一大段後跌破重要支撐點時

在技術分析中，支撐與壓力占了很重要的考量因素。股價從底部漲了一大段之後，通常回檔整理是很正常的現象，但對短線價差派而言，此一回檔整理不得跌破重要的支撐點，若此重要的支撐點被跌破，就會有較深的跌幅，一定會影響到短線的獲利。因此一旦跌破重要的支撐點，就要停利賣出，確保短線的利潤。

存股派沒有停損與停利問題

不知道大家有無發現一個有趣的問題，在存股派的股市經典中，包括葛拉漢的《智慧型股票投資人》、林區的《彼得林區選股戰略》，或是股神巴菲特的許多著作中，從未說過停損與停利的問題。

存股派買進股票之後，其心態好比公司的股東，長期持有，著眼在公司的長期股利，不太會關心股價短期的漲跌，頂多只有換股操作的問題。因此，存股派不關心股價短期的漲跌，自然也就沒有停損與停利的問題，所以一些存股派的經典書籍就不會提到這個問題。

抄底派也沒有停損與停利問題

抄底派賺取的是長期價差，他們通常依據艾略特波浪理論的八波段來操作，股價循環到底部區時大膽買進，長期抱牢到第三波的頭部或第五波的頭部時便毅然賣出，他們只有長線獲利了結的問題。總體來說，他們的操作只有三個動作，一是底部大膽買進，二是持股抱牢，三是頭部果斷賣出。接下來就是耐心等待下一個底部區的到來。

這種操作模式，自然不會有短線停損與停利的問題。不過若是長線當抄底派，而後在過程中兼做短線價差派的話，問題就比較複雜，也會出現短線停損與停利的問題，這個問題於第十二堂課〈從大抄底演進到小抄底〉會有深入的討論。

漲抱跌砍的順勢操作法

這是日本最神的操盤手 cis 的操盤鐵則。所謂漲抱砍跌的順勢操作法，是指他只買正在上漲的股票，絕不買正在下跌的股票；買進之後若續漲則抱牢大賺一段，買進之後若下跌則當下砍單，絕不手軟加碼攤平。

長期統計下來，cis 買到上漲的股票雖然只有三成，七成都是小賠收場；表面上看似乎賺不到錢，實際上他所抱的三成賺的都是十倍、二十倍的大錢，而七成賠的僅是小虧，賺大賠小的結果，他仍是大賺。

從亞當理論吸取小抄底操作鐵律

小抄底就是掌握三至六個月的反彈行情，其中有些操

大師鍊金術

存股派和抄底派沒有停損停利的問題，因為他們獲利的著眼點與短線價差派有明顯不同。

作鐵律必須遵守，我們可從《亞當理論》一書得到啟示。

我們控制不了股市的漲跌，只能選擇了解它、順應它；亦即學會謙卑，放棄成見，乖乖地臣服在市場前當順民，追隨市場的腳步。

亞當理論與牛頓的慣性定律、愛因斯坦的惰性定律以及混沌理論息息相關。慣性定律是漲了續漲、跌了續跌，惰性理論是漲了還漲、跌了還跌；混沌理論是能量永遠朝抵抗力最小的途徑發展，而後形成趨勢。綜合上述三個定律，股價會朝向阻力最小的路徑走，通常漲了續漲、跌了續跌。

切記永遠順勢而為，只有確認股價走漲時才去做多，股價走跌時才去放空。當股市由多轉空時，當機立斷趕緊賣股，避開風頭。追逐當時市場中最強勢的類股與個股，買進後若股價下跌絕不加碼，因為賠錢表示買錯了方向。

順勢操作者永遠不抓頭，也永遠不摸底，他在乎的是方向，並徹底忘掉底部與頭部，讓市場自己去摸頭、探底。此一原則符合小抄底謀取三至六個月短線價差的操作精神。

第六堂課

位置的奧祕
是高手必修的學分

投資人在投入股市之前，

一定要搞清楚股價目前所處的位置。

若沒弄清楚股價所處的位置就隨意出手買進，

常會被修理得淒淒慘慘。

投資大師科斯托蘭尼說：「所有投資的核心準則，都在確認目前處在什麼位置。」

由於科老的啟蒙，2012 年我創立了「位置理論」，指投資人在投入股市之前一定要知道位置的奧祕，必定要搞清楚股價目前所處的位置，究竟是走到了底部、中部還是頭部。股價若在底部，就大膽買進；若在中部，則耐心等待；若在頭部，便斷然賣出。股票長線投資的大原則，就是這麼簡單。投資人若沒弄清楚股價所處的位置就隨意出手買進，常會被修理得淒淒慘慘。

位置理論來自艾略特波浪理論

艾略特是一位股市奇才，他以道氏循環理論為基礎，吸收了道氏用漲退潮來譬喻股價的漲跌與循環的概念，提出了震古鑠今的波浪理論。

他原是一位會計師，因病於六十二歲退休，之前因為目睹了美國華爾街股市在 1921 至 1932 年這十二年間歷經的大多頭（1921 年 8 月道瓊指數從 64 點上漲到 1929 年 9 月的 381 點）與大空頭（再從 1929 年 9 月的 381 點下跌到 1932 年 7 月的 41 點），可能為了解開股價大漲大跌之

，

謎，他募集了華爾街股市七十五年來漲漲跌跌的資科，終於在 1934 年整理出一套影響深遠的波浪理論。

波浪理論主要包括下列三個部分：

一、完整八波段，不斷地循環

股價在一個完整走勢中，會呈現出有如波浪般的八個波段走勢，走完八波段之後又會出現一個新的八波段，周而復始，不斷循環。

這就像人類永遠逃離不了生老病死與春夏秋冬等大自然的規律一樣，股價也永遠脫離不了八波段的走勢，一再地循環不已（參圖 6-1）。

圖 6-1　艾略特八波段的完整走勢

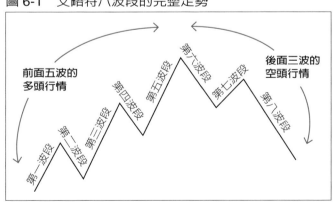

大師鍊金術

投資人在投入股市之前，必定要搞清楚股價目前所處的位置，究竟是走到了底部、中部還是頭部。

105

二、八波段的前面五波是多頭行情

在一個完整的八波段中，前面的五個波段是多頭行情，這包括了第一波、第三波、第五波的上升，以及第三波與第四波的回檔整理。第一波又叫「初升段」，第三波又叫「主升段」，第五波又叫「末升段」。

三、八波段的後面三波是空頭行情

在一個完整的八波段中，後面的三個波段是空頭行情，這包括了第六波與第八波的下跌，以及第七波的反彈整理。第六波俗稱「A 波」，又叫做「初跌段」，第八波俗稱「C 波」（或駭人聽聞的「殺 C」），又叫做「主跌段」；第七波的反彈整理是最後逃命機會，故又稱為「逃命 B 波」。

波浪理論來自道氏循環理論

道氏循環理論是由美國《華爾街日報》（*Wall Street Journal*）的創始人查理士‧道（Charles H. Dow）在 1900 年所提出。他在 1896 年 5 月自行研發出道瓊工業平均指數（Dow Jones Industrial Average），每天公布在其發行的

《華爾街日報》，供股市投資人參考研判股價未來的走勢，刊出之後大受歡迎。

在 1900 年時，他藉由觀察海邊潮汐、波浪、漣漪的起落變化，頓悟出海水的漲退潮與股價的漲跌幾乎一模一樣，於是提出了股市中備受推崇的「道氏循環理論」，其內容主要包括下列三點：

一、完整六波段，不斷地循環

股價在一個完整走勢中，會呈現出有如波浪般的六個波段走勢，走完六波段之後又會出現一個新的六波段，如此循環不已（參圖 6-2）。

圖 6-2　道氏循環理論循環圖（道氏六波段的完整走勢）

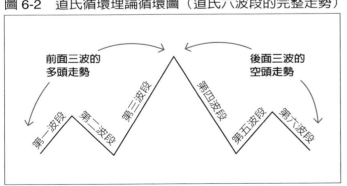

前面三波的
多頭走勢

後面三波的
空頭走勢

第一波段　第二波段　第三波段　第四波段　第五波段　第六波段

大師鍊金術

道氏循環理論是指股價在一個完整走勢中，會呈現出有如波浪般的六個波段走勢，如此循環不已。

二、六波段的前面三波段是多頭行情

在一個完整的六波段中，前面三波段是多頭行情，這包括了第一波與第三波的上升，與第二波的回檔整理。

三、六波段的後面三波是空頭行情

在一個完整的六波段中，後面三波段是空頭行情，這包括了第四波與第六波的下跌，與第五波的反彈整理。

道氏循環理論的六波段看起來比艾略特的八波段來得簡單許多，然而當股價僅僅走三波的多頭（不一定會走五波），或是短線價差派在觀察股價並研判 K 線的短線整理走勢時，道氏循環理論就有很高的參考價值。

從波浪理論看位置理論的九個位置

位置理論中的底部、中部及頭部位置要如何研判呢？我打算用艾略特波浪理論中的八波段走勢做詳細解說。

我們先回到第一堂課的圖 1-2 與圖 1-3，藉由比照這兩個圖來說明。

一、位置理論中的九個位置

（一）a 是一個完整循環多頭行情的起漲點，也是循環第一波段的起漲點，亦即底部區，每次我抄底都挑選這個位置。

（二）b 是第一波段的最高點，也是第二波段的起跌點，投資人若在此點介入，會被短套。

（三）c 是第二波段的最低點，也是第三波段的起漲點，亦即次低點，也是好買點。

（四）d 是第三波段的最高點，也是第四波段的起跌點，d 不是買點，卻是最穩當的賣點，後面會有解說。

（五）e 是第四波段的最低點，也是有風險的買點，後面會有解說。

（六）f 是第五波段的最高點，也是此波多頭行情的最高點，即俗稱的頭部區。同時，它也是第六波段（俗稱 A 波）的起跌點，也是空頭行情的起跌點。

（七）g 是第六波段的最低點，也是第七波段（俗稱 B 波）的反彈起漲點。高手常在空頭行情中搶反彈，指的就是這個點。

（八）h 是第七波段的最高點，也是第八波段（俗稱 C 波）的起跌點。一般所說的殺 C，指的就是這個點；也是空頭最佳放空點。

大師鍊金術

當股價僅僅走三波的多頭，或是短線價差派在觀察股價並研判 K 線的短線整理走勢時，道氏循環理論有很高的參考價值。

（九）i 是第八波段的最低點，也是此一完整多空循環（先走多再走空）空頭行情的止跌點；同時，它又是另一個新循環中多頭行情的起漲點。事實上，i 就是另一個新循環的 a。

二、位置理論的幾個買點

（一）從圖 1-3 可以清楚看出，a 是整個波段的起漲點，自然是最佳買點。

（二）c 是第二波段的最低點，也是多頭行情整個波段的次低點，更是第三波段的起漲點，當然也算是好買點。特別在短線價差派中，常會找每次的 c 點來買。

（三）或許有人會說 e 也是買點，因為可賺到 e 到 f 的漲幅。問題是，並非每檔股票的多頭行情都會走五個波段，如果只走三個波段，那麼買在 e 點就會有風險，所以前面會說 e 是有風險的買點。

（四）或許有人會說 g 也是買點，因為可以賺到 g 到 h 的漲幅。但是別忘了，此時的盤勢已走空，g 到 h 乃是 B 波反彈，反彈逃命波是用來逃命的，這時候搶反彈的風險很高。

三、位置理論的幾個賣點

（一）從圖 1-3 可以明顯看出，f 是第五波最高點，也是多頭最高點，當然是最佳的賣點。一般賣不到最高點，賣到頭部區就很好了。

（二）d 是第三波的最高點，雖然不是最佳賣點，卻是最穩當的賣點。原因何在？萬一你手中那檔股票的多頭沒走五波段行情，僅僅走了三波段行情，d 就變成最高點了，因此 d 才是最穩當的賣點。特別是在短線價差派中，常會找每次的 d 點來賣。

（三）h 是最佳空點，請留意，f 是多頭最高點，卻不是最佳空點，股價走到 B 波反彈的高點 h 時，空頭行情確立，所以 h 才是最佳空點。常有新手放空在 f，屢屢被軋，因此時盤勢仍處多頭之故。

（四）d 與 f 是用來賣股，而 h 則是用來放空。

四、看圖識別底部、頭部以及中部

（一）a、c、i（新循環的 a）均為底部。

（二）d、f、h 均屬頭部。f 是典型的頭部，廣義而言，d 與 h 亦是頭部。

（三）其他區域均屬中部。

大師鍊金術

請遵照「底部買、頭部賣、中部等」的鐵律來操作股票，就萬無一失了。

（四）請遵照「底部買、頭部賣、中部等」的鐵律來操作股票，就萬無一失了。

（五）買賣股票致勝的祕訣就是，耐心等待底部那個點到來時大膽買進，抱牢持股到頭部來時，毅然賣出，如此而已。

洞悉位置理論的價值

從第六堂課的論述中，我們知道位置理論最有價值之處在於：經由股價的循環與圖解，我們能夠清晰地掌握股價長線的三個買點（其中有一個是有風險的買點）與三個賣點（含兩個賣點與一個空點），甚至可以從中找到短線價差派的買賣點。

還有，位置理論來自於波浪理論，而波浪理論又來自道氏循環理論，可以說是一脈相傳。

最後我要鄭重建議大家，可以根據我在位置理論中操作股票長線的大原則：「底部買進，中部等待，頭部賣出」，並且對照查看科斯托蘭尼的股價漲跌循環圖（參圖1-1），這張著名的雞蛋圖包含了底部低買（低潮期）、中部觀望（盤整期）、頭部高賣（高潮期）；右側下跌又分

為下跌修正階段（剛起跌）、下跌整理階段（反彈整理）、下跌過熱階段（跌很深）；左側上漲又分為上漲修正階段（剛起漲）、上漲調整階段（回檔整理）、上漲過熱階段（漲太多）。

　　我認為科老這張從長線觀察股價三波段上漲與三波段下跌的走勢，完全是根據道氏三波段上漲與三波段下跌之理論深入說明而畫出來的。

　　有趣的是，每位投資人觀看科老的雞蛋圖，對大盤股價當前所處的位置，在認知上大不相同，這會影響獲利；還有，類股與各股所處的位置，與大盤所處的位置也大不相同，這也會影響獲利；長線投資與短線投機對目前股價位置的看法亦南轅北轍，這更會影響獲利。

　　舉例來說，台股大盤於 2021 年 6 月來到 1 萬 7,000 點左右，長線的位置明顯是高檔，宜賣不宜買；但就類股而言，鋼鐵、航運的位置很明顯是不同的，短線小抄底仍有很大的獲利空間，但須眼明手快、短線進出、管控部位、停損停利。

　　三十年的操盤經驗與深刻體會告訴我，面對大盤必須有敬畏之心，特別是處在科老雞蛋圖中最上面那一層漲太多的上漲過熱階段，或是剛起跌的下跌修正階段（上漲過

熱階段與下跌修正階段均為頭部區）。做多保命之道，就
是當一名懂得管控部位、停利停損的短線交易者。

第七堂課

洞悉主力操盤的
過程與手法

任何一檔股票的飆漲都離不開主力的拉抬，

不論他們是誰，你都必須對他們有一定程度的了解，

才不會被他們玩弄於股掌之間。

任何一檔股票的飆漲都離不開主力的拉抬，這個主力有可能是法人機構、大戶、中實戶，也有可能是作手、業內、丙種經紀人等等；不論他們是誰，你都必須對他們有一定程度的了解，才不會被他們玩弄於股掌之間。

與主力操盤有關的專有名詞

做多、做空：主力對股票後市看好，先行布局吸進籌碼，然後拉抬至某個高價位，賣出股票賺取大筆價差，此種行為稱為「做多」；反之，對股票遠景看壞，通常是股票漲一大段來到高檔時，先融券賣出股票，等打壓至低檔時再回補，從中賺取驚人價差，此種行為稱為「做空」。

法人機構：擁有超大額資金的投資單位，例如外資、勞退基金、投信、自營商等。

大戶：就是大額的投資人，例如財團、信託公司、上市公司董監事，以及擁有龐大資金的集團或個人。

中實戶：財力稍遜於大戶，幾個中實戶常會聯合起來炒作一檔股票。

作手：可能受雇於法人機構、大戶或中實戶，運用精湛的操盤技巧把某檔股票炒高後賣掉，然後再狠狠地打壓

行情、低價補回，從中賺取差價的人。

丙種經紀人：股票融資、融券的業務專屬證券金融公司與金管會核准的證券商。從事地下融資、融券業務的人稱為「丙種經紀人」，簡稱「丙種」或「作丙」。

吃貨、出貨：作手在低價時暗中買進股票，叫做「吃貨」；反之，作手在高價不動聲色地賣出股票，就叫「出貨」。

坐轎、抬轎、甩轎：眼光精準或事先得到消息的投資人於主力介入時低價買進，待散戶跟進拉抬，坐享厚利，這就叫「坐轎」。那些隨後搶進追價的散戶獲利有限，甚至經常被套牢，那就是給別人「抬轎」。發動攻擊前的洗盤，稱之為「甩轎」。

利多、利空：發布促使股價上揚的消息，稱為「利多」；相反地，發布促使股價下挫的消息，稱為「利空」。

哄抬、摜壓：用不正當的方法把股價炒高，就叫「哄抬」；相反地，用種種手段打壓股價，就叫「摜壓」。

洗盤：作手為了炒高股價，在炒作過程中故意製造賣壓，好讓低價買進的坐轎客下轎，以減輕拉抬壓力，這種舉動就叫「洗盤」。

盤堅、盤軟：股價緩慢上漲，稱為「盤堅」；反之，

股價緩慢下跌，稱為「盤軟」。

翻空、翻多：原本看好行情的多頭，看法改變，不但賣出手中股票，還借券放空，此種行為叫做「翻空」；反之，看壞行情的空頭，看法改變，不但把放空的股票補回，還買進股票，此種行為叫做「翻多」。

拔檔：在行情下挫時，投資人並沒有看壞後市，但他認為會先跌一段之後才止跌回漲，所以就先賣出股票，等跌到谷底再買回，此種先賣的行為就叫「拔檔」。

欲小不易：即行情只會小跌、不會大跌的意思，小跌之後的行情仍然看好。

比價：把同類型的股票價格做比較就叫「比價」；比價效應之下通常有補漲行情。

軋空：空頭融券賣出股票後，股價非但不跌，反而一路上漲；空頭心生畏懼，趕緊補回賣出的股票，此種情況稱為「軋空」。股價軋空時常有飆漲行情。

斷頭：融資戶融資買進後，因股價下跌導致整戶擔保維持率不足 120% 時，證券金融公司或丙種經紀人不見客戶補足差額，於是主動賣出客戶抵押的股票，此種行為叫做「斷頭」。

搶帽子、帽客：在股票市場當天搶進搶出，從中賺取

股票價差的行為，就叫「搶帽子」。從事搶帽子的人，就叫「帽客」。

　　短線客：經常進出股票（通常是兩、三天）、從中賺取價差的人，稱為「短線客」。帽客與短線客均屬短線價差派（參見第二堂課與第十二堂課）。

股價的漲跌都與主力有關

股價為何會漲？

　　你買進股票之前，不知有沒有想過買進的股票為何會漲？在《抄底實戰66招》第17招，我列舉了股價上漲的八個原因：

　　一、經濟欣欣向榮，或是增加了貨幣供給額（譬如QE）。

　　二、公司業績良好。

　　三、公司的發展潛力被發現時。

　　四、月K線走完艾略特的八個波段時。

　　五、不合理的暴跌之後或跌深產生乖離之時。

大師鍊金術

沒有主力拉抬的股票，不會飆漲。其拉抬的過程不但需要縝密規畫，而且需要充分準備。

六、溢價現金增資行情。

七、發生軋空行情。

八、發生股權相爭時。

其實還有兩個原因，一是主力炒作，一是股價回檔整理完畢時。這兩個原因經常同時發生；我的意思是說，常常會發現股價下跌整理、滿足了時間波與空間波的調整，再經主力拉抬，股價立刻飆漲。

我記得有位股市高手跟我說過：「沒有主力拉抬的股票，不會飆漲。」我相信這句話。

股價為何會跌？

你買進股票之後，不知你有沒有想過買進的股票為何會跌？在《抄底實戰 66 招》第 18 招，我列舉了股價下跌的六個原因：

一、經濟蕭條時。

二、公司經營不善時。

三、月 K 線走完艾略特前面五個波段時。

四、利率高漲、緊縮銀根時（縮減 QE）。

五、世界性的金融危機（2008年雷曼兄弟倒閉事件）。

六、重大財政利空（課徵證所稅）。

　　其實還有兩個常見原因，一主力出貨，一是股價階段漲勢結束時。這兩個原因常常同時發生；我的意思是說，常常會發現股價上漲到達一定的幅度、滿足了主力階段性的目標時，再經主力爆量出貨摜壓，立刻下跌。

主力操盤的過程

　　股市中的主力名頭響亮，看似威風八面，其實炒作過程挑戰很多，其拉抬的過程不但需要縝密的規畫，而且需要充分的準備。一般來說，主力炒作一檔股票，至少會包括挑選標的、炒作題材、估算籌碼、外圍搭配、暗中吃貨、拉抬股價等六個過程。

一、挑選標的

　　通常主力都會相中股性比較投機、股本較小（通常股本在10億元以下）的個股為標的；股性投機的股票飆漲起來虎虎生風，漲幅可觀。另外，資本額在10億元以下

股價上漲到達一定的幅度、滿足了主力階段性的目標時，再經主力爆量出價摜壓，立刻下跌。

者較易控制與拉抬。

二、炒作題材

挑選投機小型的標的固然重要，可是若沒有炒作的題材且市場沒認同，拉抬便很困難。或開發新產品、或業績翻轉、或接到大訂單、或重整成功、或公司從谷底翻身，若沒有這些大利多，主力絕對不敢介入。我們怕主力，主力更怕選錯標的。

主力都是基本面與技術面的高手，他們最懂得選炒作的題材，以新冠疫情為例，主力就會挑選與醫藥有關的個股來炒作。

三、估算籌碼

主力要炒作一檔股票，必須取得公司派的首肯或默許（以免大股東對作、倒貨，甚至取得合作、共襄盛舉），然後精確估算這檔股票市場的浮額，調查有無其他主力介入，以免對作，最後再精確估算出必須吸納的籌碼。

通常主力吸納的籌碼大約是市場浮額的三成左右。籌碼若吸納不足，拉抬作價會出現力不從心的窘狀；籌碼若吸納太多，不但會增加操作成本，也會造成日後出貨時的

負擔。

四、外圍搭配

主力炒作一檔股票好比唱一齣戲，不可一個人單打獨鬥，必須有外圍的配合，生、旦、淨、末、丑缺一不可，才能把這齣戲唱好。

外圍份子包括：投顧老師、丙種、自營商、外資、基金經理人、媒體記者等等，不一而足。一檔股票要炒作成功，外圍的搭配非常重要。實力雄厚的外圍，或是搭配大筆敲進鎖單，或是提供資金援助，均能協助主力掌控股價的漲跌。還有，愈多的外圍前來抬轎，就愈能炒熱一檔股票；股票被炒熱開始飆漲之後，更加引起市場的關注與投資人的追逐，此種連環拉抬才會促使股價不斷向上飆漲。

五、暗中吃貨

吃貨就是吸足籌碼。主力吃貨的方式不外乎兩種，一是在市場上暗中吃貨，二是與上市公司董監事商討同意後，鉅額轉讓。

通常，主力都會挑選下列情形之一時默默吃貨：

（一）個股盤整甚久，完成一個大底時（或 W 底、或

大師鍊金術　　　　主力都是基本面與技術面的高手，他們最懂得選炒作的題材。

頭肩底、或碗形底）

（二）利用媒體發布一些利空消息，同時利用手中籌碼刻意摜壓，壓低股價吃貨。

（三）股市崩盤，人氣悲觀到極點時。

（四）個股嚴重超賣，RSI 達 20 以下時。

（五）對該公司的業績遠景看好時。

（六）該公司即將改選董監事，研判有多方人馬有意角逐，互不相讓時。

通常主力炒作一檔股票若是公司派攜手合作，就會在與公司董監事談妥條件之後，直接轉讓一筆鉅額籌碼，這就是鉅額轉讓。

六、拉抬股價

主力吃完貨、吸足籌碼後，再來就是拉抬大戲。散戶拉不動任何一檔股票，任何一檔股票的飆漲都是主力的傑作。主力的風險大於散戶，他們拉抬一檔股票動輒數億資金。當然，若炒作成功，其獲利也很驚人，可達數億。

主力若從底部拉抬一檔股票，絕不會兩三根漲停板就結束，其幅度一定是谷底價的二、三倍或五、六倍，甚至高達十倍。

主力炒作一檔股票大約需要半年的準備期，從底部開始大約會做兩大波，期間約是兩年。但第一年最肥美，也是風險最低的一年，更是必須抱到地老天荒的那一年。當然，你也可以抱到抄底三書中提及的第三波，但必須忍受第二波狠狠拉回修正。

主力的重要工作

　　主力操盤，除了要歷經上述挑選標的、炒作題材、估算籌碼、外圍搭配、暗中吃貨、拉抬股價等六個過程，還有兩項重要的工作，一是洗盤，二是出貨。

洗盤

　　主力都是技術分析的高手，他們在艾略特波浪理論進行五波段的上漲過程中，會遵循波浪理論中第二波段與第四波段回檔整理時進行兩個階段的洗盤。換言之，第一波段上升，第二波段回檔整理（洗盤）；第三波段上升，第四波段回檔整理（洗盤）；第五波段上升。

　　主力為什麼一定要在第二波段、第四波段洗盤呢？原因有三：一是順勢而為，順著波浪理論的走勢而為；二是

藉著高出低進、上下沖洗，不但賺到可觀的價差，亦可降低持股成本；三是設法洗出從底部進場的首批投資人，藉機拉高股價的成本，並吸引新投資人的參與。

此時也是短線價差派大顯身手的良機，他們跟隨主力或高出低進、或低進高出，吃主力的豆腐，賺取驚人的價差。但是這需要很高的看盤功力，並且得冒被清洗出局的風險。

至於主力洗盤的方式，約略下有下列三種：

一、**高出低進法**：這是主力最愛用的洗盤方式。顧名思義，主力用力把股價拉高之後（通常會過前高），賣出部分持股，故意製造出恐慌性賣壓，大力摜壓，狠狠把股價往下打，從漲停打到跌停，使持股人心生畏懼後賣出，接著主力再於跌停價補回。如此來來回回沖洗幾次之後，主力非但達到清洗浮額（即融資餘額下降）的目的，還能賺到可觀的價差。

二、**跌停洗盤法**：這是比高出低進法更激烈的方式。最常見的是公司正常營運、毫無利空情況下，突然股價開出跌停價。其目的是要讓持股人見跌停心生畏懼而賣出持股。作手趁機在跌停時一舉吃盡跌停籌碼。最常見的跌停

洗盤法乃是好端端地突然開出跌停的盤，但跌停掛出的單不大，接著突然出現密集大單打開跌停，這是典型的跌停洗盤吃貨的手法。

三、定點洗盤法：這是股市崩盤、人氣悲觀到極點時，或是個股盤整甚久、在築一個大底時，主力會使用的手法。特徵是股價跌到低檔盤整，股價在一段很長的期間裡就在狹幅區間整理遊走，股價要死不活，一段期間後，就會把一些信心不足、不耐久盤的浮額清洗得乾乾淨淨。就效果而言，此法比上述兩種方法的效果更好，但需要花費較長的清洗時間。

出貨

主力費盡千辛萬苦拉抬一檔股票所為何來？答案是：萬般拉抬無非是為了出貨而已。出貨就是賣出手中持股，獲利了結。

在前述主力操盤的第三個過程「估算籌碼」中曾指出，主力吸納的籌碼大約是市場浮額的三成左右，想要順利出清這些存貨並非易事，因此股市裡有一句話：「會買股票的僅僅是徒弟，會賣股票的才是師父。」

主力都是基本分析與技術分析的高手，他們既懂得因

大師鍊金術

萬般拉抬都是為了出貨。散戶必須與主力鬥耐心、鬥毅力、鬥看盤的功力。

勢利導，也懂得創造議題，更懂得利用波浪理論中的第三波高點或第五波高點進行出貨。

主力出貨的方式，不外拉高出貨、壓低出貨、震盪出貨等三種。

一、**拉高出貨法**：通常主力費盡千辛萬苦把一檔股票炒高炒熱之後，股價日日創新高、欲小不易時，主力最喜愛運用「拉高出貨法」。顧名思義，就是把股價一直拉、一直拉，拉到空手投資人禁不住誘惑跳進來時，即一股腦地倒貨給你。股市有言：「股價飆漲三天，散戶不請自來。」主力會利用這種投資人微妙的心理，把股價拉高之後倒給你。

二、**壓低出貨法**：有別於拉高出貨法，主力在操作一檔股票有其精密的設計與目標，當股價抵達預先設定的目標時，二話不說，從高點往下殺，這時股價會明顯出現好幾天開高走低出大量的現象，這就是「壓低出貨」。對主力而言，壓低出貨乾淨俐落，手法凶狠，其中最明顯的現象就是爆出大量，而且股價會跌破重要支撐。

三、**震盪出貨法**：這是最高明的一種方法，它有別於拉高出貨，乃是股價抵達預先設定炒作的目標時，藉由股

價在平台整理中的震盪，大約七至十日，就會順利地把手中籌碼處理乾淨。許多高竿的作手利用此法出貨，常常在數日內把籌碼都處理完畢，股價仍維持在平台震盪，因此這是最高明的方法。

主力操盤的心態與習性

下面是你必須知道的主力操盤的心態與習性。

●通常散戶都害怕主力，而主力最怕的是選錯炒作標的；若公司沒有好的題材，主力不敢介入。

●主力炒作一檔股票大約需要半年的準備期，除了必須獲得公司派的首肯，也必須趁機默默吸足浮額中三成的籌碼。

●主力都是基本面與技術面的高手，炒作一檔股票前必定精心設計一個吸引人的題材。

●外圍份子的密切配合乃是炒作成功與否的要素。主力常會藉由外圍的媒體放出消息，投資人必須訓練自己正確判讀這些訊息。

●有主力介入的股票一旦發動便走路有風，一路飆

大師鍊金術

股市有言：「股價飆漲三天，散戶不請自來。」主力會利用這種投資人微妙的心理，把股價拉高之後倒給你。

漲。倘若你坐在轎上，那種乘風破浪的感覺非常舒服。

●有主力介入的股票在面臨前高或頸線等大壓力區時，會用長紅 K 線或跳空的方式躍過，以展示決心。

●在炒作過程中，主力最在乎的是每天的收盤價，從中可以看出有無在作價或護盤。其次，每天的開盤也是主力的工作，從開盤價亦可看出其意向。常聽老手說，開盤是主力的意圖，收盤是主力的決心；至於盤中高低點，則是多空廝殺後留下的痕跡。

●根據個人操盤經驗，在波浪循環的底部區若發現週 K 線連續數週出現大量，這很可能是主力吃貨的舉動。

●依據個人經驗法則，主力明顯的出貨量大約會是其拉抬過程中最大量的兩倍或兩倍以上。

●主力炒作一檔股票必定有其目標價，有時是五、六倍，有時是七、八倍，有時高達十倍，不一而足。

●洗盤不同於出貨，出貨是抵達了目標，而洗盤則仍在半途中。洗盤的主要目的是甩掉浮額、減輕負擔，然後繼續向前行。個人的經驗是，洗盤的下跌幅度大約是高點向下兩成半至三成左右；若下跌達五成以上，那很可能是出貨，而不是洗盤了。

●個人常用的抄底，就是定睛在公司股價慘跌多年後

從谷底的大翻身，搭主力的順風車。

　　●主力炒作一檔股票並不保證次次成功，偶爾也會因為對作或突發的大利空而功敗垂成。此時他們會選擇小虧走人，而在 K 線上就會出現跌破重大支撐的現象。

大師鍊金術

主力最在乎的是每天的收盤價，從中可以看出有無在作價或護盤。每天的開盤也是主力的工作，從開盤價亦可看出其意向。

第八堂課

一定要歷經
空頭市場的洗禮

多頭市場時間長，空頭市場時間短，
台股每次循環皆是如此。
歷經空頭市場的洗禮之後，
僥倖存活的投資人才能從小學生的階段
在股票市場逐漸長大成人。

根據查理士・道的循環理論，股市有多頭市場也必定會有空頭市場，這是千古不變的定律。這就像經濟景氣一樣，勢必有復甦→繁榮→衰退→蕭條四階段，之後又會回到復甦，如此循環不已。股價的走勢亦復如此，漲漲跌跌，循環不已，這就是著名的「道氏循環理論」。

股市有多頭，也必有空頭

對於道氏循環理論有興趣者，請好好讀《股價趨勢技術分析》第三章〈道氏理論〉、第四章〈道氏理論的實際應用〉、第五章〈道氏理論的缺點〉。亦可去讀《專業投機原理》第四章〈道氏理論簡介〉。

在此我想對道氏循環理論做一扼要說明：

一、股價有一、二、三等三波的多頭，第一波是上漲波、第二波是回檔整理波、第三波又是上漲波。這三波加起來就是完整的多頭。

二、股價有A、B、C等三波的空頭，A波是下跌波，B波是反彈整理波，C波又是下跌波。這三波加起來就是完整的空頭。

三、股價在多頭行情的走勢中，就像海水漲潮時一樣，一波接著一波洶湧而來。而且整個上漲行情中，和漲潮時的波浪一樣，一波比一波高，不但後一波的峰頂高於前一波的峰頂，而且後一波的峰谷亦高於前一波的峰谷。

四、股價在空頭行情的走勢中，就像海水退潮時一樣，一波接著一波消退而去。而且在整個下跌行情中，與退潮的波浪一樣，一波比一波低，不但後一波的峰頂低於前一波的峰頂，而且後一波的峰谷亦低於前一波的峰谷。

五、股價的漲漲跌跌就好比潮水的起起落落，怎麼湧上來就會怎麼退回去，而且漲多少就會跌多少；怎麼退回去就會怎樣湧上來，而且跌多少就會漲多少，不斷循環，周而復始。

結論出來了：不斷循環，周而復始。因此，股市有多頭行情，也必定有空頭行情。多空永遠循環不已。

台股三次空頭市場的最低點

從 1987 年 1 月至 2021 年 7 月的三十四年間，台股從 1987 年 1 月的 1,039 點走到 2021 年 7 月的 18,034 點，總

大師鍊金術

多頭走完之後就是空頭，這是股價循環的力量。

共經歷了四次循環，其中台股的第四次循環仍未走完，說明於下。

第一次循環

從 1987 年 1 月到 1990 年 10 月，共三年十個月（參圖 8-1）。

● 多頭五波段

第一波從 1,039 點（1987 年 1 月）上漲到 4,796 點（1987 年 10 月），第二波從 4,796 點（1987 年 10 月）回檔到 2,241 點（1987 年 12 月），第三波從 2,241 點（1987 年 12 月）上漲到 8,813 點（1988 年 9 月），第四波從 8,813 點（1988 年 9 月）回檔到 4,645 點（1989 年 1 月），第五波從第 4,645 點（1989 年 1 月）上漲到 12,682 點（1990 年 2 月）。

● 空頭三波段

第六波從 12,682 點（1990 年 2 月）下跌到 4,450 點（1990 年 7 月），第七波從 4,450 點（1990 年 7 月）反彈到 5,825 點（1990 年 8 月），第八波從 5,825 點（1990 年

圖 8-1　台股四次循環環月 K 線圖

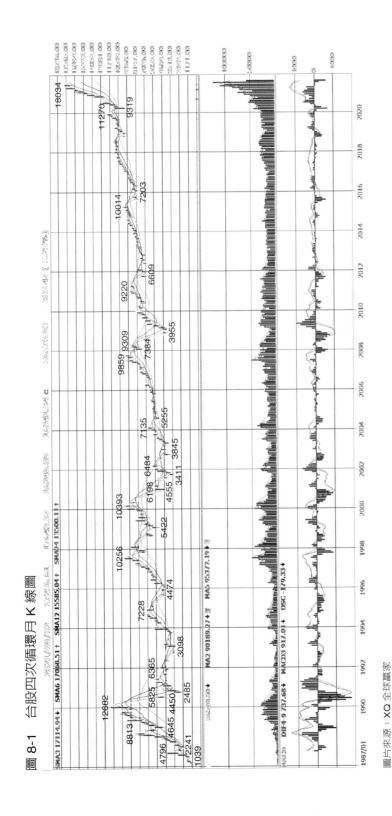

圖片來源：XQ 全球贏家

8 月）下跌到 1990 年 10 月的 2,485 點。

第二次循環

從 1990 年 10 月到 2001 年 9 月，共十一年。

● 多頭五波段

第一波從 2,485 點（1990 年 10 月）上漲到 6,365 點
（1991 年 5 月），第二波從 6,365 點（1991 年 5 月）回檔
到 3,098 點（1993 年 1 月），第三波從 3,098 點（1993 年
1 月）上漲到 7,228 點（1994 年 10 月），第四波從 7,228
點（1994 年 10 月）回檔到 4,474 點（1995 年 8 月），第
五波從 4,474 點（1995 年 8 月）上漲到 10,256 點（1997
年 8 月）。

● 空頭三波段

第六波從 10,256 點（1997 年 8 月）下跌到 5,422 點
（1999 年 2 月），第七波從 5,422 點（1999 年 2 月）反彈
到 10,393 點（2000 年 2 月），第八波從 10,393 點（2000
年 2 月）下跌到 2001 年 9 月的 3,411 點。

第八波從 10,393 點下跌到 3,411 點，是走 A、B、C

三波的下跌，A 波是 10,393 下跌到 4,555 點，B 波是從
4,555 點反彈到 6,198 點，C 波是從 6,198 點下跌到 3,411 點。

第三次循環

　　從 2001 年 9 月到 2008 年 11 月，共七年三個月。

● 多頭五波段

　　第一波從 3,411 點（2001 年 9 月）上漲到 6,484 點
（2002 年 4 月），第二波從 6,484 點（2002 年 4 月）回檔
到 3,845 點（2002 年 10 月），第三波從 3,845 點（2002 年
10 月）上漲到 7,135 點（2004 年 3 月），第四波從 7,135
點（2004 年 3 月）回檔到 5,255 點（2004 年 8 月），第五
波從 5,255 點（2004 年 8 月）上漲到 9,859 點（2007 年 10
月）。

● 空頭三波段

　　第六波從 9,859 點（2007 年 10 月）下跌到 7,384 點
（2008 年 1 月），第七波是從 7,384 點（2008 年 1 月）反
彈到 9,309 點（2008 年 5 月），第八波是從 9,309 點（2008
年 5 月）下跌到 3,955 點（2008 年 11 月）。

大師鍊金術

從二〇〇八年十一月到二〇一一年七月走出難得一見的天九波。因月線走九波段的多頭極為罕見，故稱之為天九波。

第四次循環

從 2008 年 11 月到 2021 年 7 月，共十二年九個月，似乎已經走出難得一見的天九波。此次多頭打破了台股三十四年間多頭僅走五波段的慣例，因月線走九波段的多頭極為罕見，故稱之為天九波。

● 多頭九波段

第一波從 3,955 點（2008 年 11 月）上漲到 9,220 點（2011 年 2 月），第二波從 9,220 點（2011 年 2 月）回檔到 6,609 點（2011 年 12 月），第三波從 6,609 點（2011 年 12 月）上漲到 10,014 點（2015 年 4 月），第四波從 10,014 點（2015 年 4 月）回檔到 7,203 點（2015 年 8 月），第五波從 7,203 點上漲到 11,270 點（2018 年 1 月），第六波從 11,270 點回檔到 9,319 點（2019 年 1 月），第七波從 9,319 點（2019 年 1 月）上漲到 12,197 點（2020 年 1 月），第八波從 12,197 點（2020 年 1 月）回檔到 8,523 點（2020 年 3 月），第九波從 8,523 點（2020 年 3 月）上漲到 18,034 點（2021 年 7 月）。

從圖 8-1 可以很明顯地看出來，空頭市場的最低點分別出現在：

一、1990 年 10 月的 2,485 點（第一次循環）。

二、2001 年 9 月的 3,411 點（第二次循環）。

三、2008 年 11 月的 3,955 點（第三次循環）。

台股第一次循環的起漲點位在 1987 年 1,039 點，在此之前台股走盤的走勢究竟如何呢？請參閱江瑞凱所著《波浪理論解析》第九章〈台灣股市的波浪劃分〉。

台股第四次循環在 2021 年會出現空頭市場嗎？目前還看不出來，我們僅從月 K 線中明顯地看出來，多頭已經走完了九波；還有，從 2008 年算到 2021 年，正好是費波南希係數滿足的十三年，而且股價均已來到高檔，這一點要特別留意。處在這個明顯的高檔位置，若是大抄底，我主張出清持股；若是小抄底，切記降低持股至三成，短進短出，嚴設停損停利。

空頭市場那隻黑天鵝總是會不知不覺地來到，不來則已，若來的話會要人命。

要人命的空頭市場

　　股齡在十二年之內的投資人都沒見過空頭市場。空頭談虎色變，2,485 點、3,411 點、3,955 點都是股價循環中空頭市場殺到底之處，這三次我都經歷過，空頭不來則已，若來的話會要人命。

　　空頭市場那隻黑天鵝總是會不知不覺地來到，2020 年初的新冠疫情，大家原以為就是那隻不請自來的黑天鵝，沒想到各國政府的量化寬鬆、死命地發行鈔票，反而造就了全世界股市在 2020 至 2021 年畸形飆漲。

　　沒經歷過空頭市場考驗的投資人只能算是投資領域的小學生，他們總以為投資很簡單，甚至誤以為股市只有多頭沒有空頭，股價只會漲不會跌，從 2008 年 11 月的 3,955 點到 2021 年 7 月的 18,034 點，其間的十二年九個月大概就是這種狀況。

　　科老說得好，要成為一個投機家必須歷經三次破產。為何會破產呢？就是因為擴張信用後遇見空頭市場，遭到融資金主斷頭追殺的結果。

　　有些投資人自認為本領高強，乃進行財務槓桿原理，利用小資金進行大資本的投資，或向銀行貸款、或向民間

貸款、或向證券金融公司貸款、或向丙種貸款，大肆擴張信用，操作財務槓桿。

　　丙種就是非法從事融資融券業務的人，貸款的年息約23%，與民間貸款相近。向丙種貸款購買股票的最大好處，就是只用四成現金就可買進十成股票（其中六成股款向丙種借貸）。可是當股價跌幅達兩成時，若沒有補足差額，就會被丙種斷頭殺出。台股 2,485 點、3,411 點、3,955 點這三次空頭，不知葬送了多少做丙擴張信用的英雄好漢？

　　我一向反對融資買股票，因為不但有還款壓力，還須面對利息與斷頭的壓力。因此歷經了台股三次的大空頭，雖然受了傷，但都是輕傷，所以能僥倖存活至今。

大股東、存股派、抄底派、短線價差派因應空頭之道

　　公司大股東如何面對空頭市場呢？他們通常不看盤，也沒有什麼感覺，直到股價崩跌到很低很低時，他們才會進場買回自家股票，撿便宜貨。

　　存股派高手如何因應空頭市場呢？他們的資金不會離

大師鍊金術

大股東面對空頭市場沒有什麼感覺，直到股價崩跌到很低很低時，他們才會進場買回自家股票，撿便宜貨。

143

開股市，會把手中持股轉換為防禦性強、比較抗跌的股票，以減少空頭下殺的損失。他們也會在現貨做多的同時，放空期指避險（請參閱第四堂課）。

抄底派的高手如何因應空頭市場呢？有的會看準盤勢走空之後，挑弱勢股放空；也有不喜放空者空手以逸待勞，遊山玩水，耐心等待底部到來。我是屬於後者。

短線價差派的高手早在進場時就設立停損與停利之點，當空頭來襲時，他們其實老早就閃躲開了。

面對空頭市場，最淒慘的當然就是擴張信用融資的投資人，他們被斷頭後就從股市銷聲匿跡。

無論你是哪一派的投資人，一定要記得空頭最大的特色是：跌跌不休，跌了又跌，風聲鶴唳，草木皆兵，一定殺得你屁滾尿流。

多頭市場長、空頭市場短

多頭市場長，空頭市場短，這是極為明顯的現象，我們看看台股第一、第二、第三的循環多空的時間長度。

第一次循環，多頭五波段從 1987 年 1 月的 1,039 點，

上漲到 1990 年 2 月的 12,682 點，總共走了五十個月。

第一次循環，空頭三波段從 1990 年 2 月的 12,682 點，下跌到 1990 年 10 月的 2,485 點，總共走了九個月。

第二次循環，多頭五波段從 1990 年 10 月的 2,485 點，上漲到 1997 年 8 月的 10,256 點，總共走了八十三個月。

第二次循環，空頭三波段從 1997 年 8 月的 10,256 點，下跌到 2001 年 9 月的 3,411 點，總共走了五十個月。

第三次循環，多頭五波段從 2001 年 9 月的 3,411 點，上漲到 2007 年 10 月 9,859 點，總共走了七十四個月。

第三次循環，空頭三波段從 2007 年 10 月的 9,859 點，下跌到 2008 年 11 月的 3,955 點，總共走了十四個月。

我們得出這個結論：台股的第一次循環，多頭走了五十個月，空頭走了九個月；第二次循環，多頭走了八十三個月，空頭走了五十個月；第三次循環，多頭走了七十四個月，空頭走了十四個月。

多頭市場時間長，空頭市場時間短，台股每次循環皆是如此，第四次循環也不會例外。倘若你是用閒置資金買股票，沒有還款的壓力，而你的性格又耐得住空頭下跌的煎熬，忍過了空頭市場，再來的一定是多頭市場，你又會

大師鍊金術

忍過了空頭市場，再來是多頭市場，歷經空頭市場的洗禮後，僥倖存活的投資人才能從小學生的階段在股票市場中逐漸長大成人。

是一條好漢。但此種做法需有超乎常人的耐心與毅力，一般人做不到。

歷經空頭市場的洗禮之後，僥倖存活的投資人才能從小學生的階段在股票市場中逐漸長大成人。

而測試空頭來臨有個最簡單、有效的方法：買進之後易跌難漲，套牢之後很難解套；相反地，測試底部也有一個簡單但有效的方法，即買進之後易漲難跌，即使追高套牢了，很快就能解套，你不妨試試。

第九堂課

每天寫看盤日記

撰寫看盤日記非常重要,那是一種內化的過程。

只有經由撰寫看盤日記,你的經歷與判斷才會穿越時空,

進入你的血液,與你的靈魂交融,變成你自己的東西。

當你花了一年時間把第一堂課的二十本經典都精讀之後，你再也不能人云亦云，每天坐在電視或電腦前面聽一些專家解盤，你必須勉強自己寫看盤日記，寫出你自己對大盤與手中個股的看法。

勉強自己每天寫看盤日記

看盤日記的字數不用多，一兩百字、幾十個字、甚至幾行字都可以，或多空轉換、或市場訊息、或 K 棒變化、或形態轉換、或關鍵 K 棒、或成交量多寡、或空間波修正、或時間波修正、或出現跳空缺口、或缺口遭完封、或大股東動態、或崩盤怕怕、或國安基金出手、或行情預測等，只要寫出你對大盤或個股的當天與未來走勢的看法就可以。

從第一堂課苦讀經典到第九堂課每天寫看盤日記，如果苦讀經典之後寫讀書心得報告就像在寫學士論文，那麼寫看盤日記就相當於寫碩士論文。後者的難度遠大於前者，假如你連讀書心得報告都寫不好，要寫看盤日記無異緣木求魚。

撰寫看盤日記非常重要，那是一種讀完經典後內化的

過程。經典讀過之後，經典是經典，你還是你，只有經由撰寫看盤日記，你所讀過的二十本經典才會穿越時空，進入你的血液，與你的靈魂交融，變成你自己的東西。

我知道這一堂課很難修，如果你一時還寫不出來，別氣餒，這是正常現象，表示你仍未融會貫通，這時再回去好好溫習前面的一至八堂課。前面說過，若讀書報告是學士論文，看盤日記就是碩士論文，股票系雖然只有十二堂課，一關卡死一關，這個學位不好拿，必須非常非常用心與用功。

高手看勢

股市裡有一句老話：「新手看價，老手看量，高手看勢。」「高手看勢」聽起來很玄，根據我多年的摸索，至少包括下列十二項：

一、看開盤價與收盤價，研判主力的動向與企圖心。

二、看江波圖的起承轉合，研判當天走勢的強弱。

三、檢視日成交量，包括大量（或巨量）的進出、量縮等。

大師鍊金術

看盤日記的字數不用多，只要寫出對大盤或個股的當天與未來走勢的看法就可以。

四、看跳空缺口，研判勢轉強或轉弱。

五、看關鍵日 K 棒，是重要的撐壓之處。

六、看 K 線形態，包括一至三年日 K 線、週 K 線、十至二十年月 K 線。

七、看日 K 線的支撐與壓力。

八、看趨勢轉強或轉弱。

九、設停損點。

十、設停利點。

十一、頭部區或底部區留意領頭羊走勢；前者開始領跌，後者開始止跌。

十二、頭部區留意類股是否已經輪漲完畢。

當然，你的看盤日記不可能篇篇精彩，也不可能篇篇準確，其間必定有對有錯，最重要的是在對對錯錯、跌跌撞撞中磨練出自己的功力。

克里夫天然資源公司投資記錄

克里夫天然資源公司（Cleveland-Cliffs, Inc.，交易代號 CLF）是美國規模最大的鐵礦砂廠，創立於 1847 年，

是一家礦業及天然資源公司，主要生產鐵礦石及冶金煤並擁有煉鋼廠。

公司總部設在俄亥俄州克里夫蘭市，總股本近 5 億美元，市值 83.54 億美元。規模如下：

● 密西根州與明尼蘇達州有五個鐵礦區。

● 西維吉尼亞州及阿拉巴馬州有四個冶金煤礦區。

● 西維吉尼亞州有一個動力煤礦區。

● 加拿大東部有兩座鐵礦區。

● 西澳有一座礦區。

● 2020 年 3 月收購 AK 鋼鐵公司（AK Steel Holding），該公司在俄亥俄州、賓州、肯塔基州、印第安那州均設有鋼鐵廠。

● 北美經營三個煤礦區。

● 經營各項探勘業務。

我是在 2016 年 1 月經由貝萊德礦業基金的介紹後。才知道有這家公司。我立刻叫出二十年月 K 線並對該公司徹底了解後，獲得下面的寶貴資訊：

大師鍊金術 —— 新手看價，老手看量，只有高手才看得懂勢。

　　一、其股價是從 2008 年 6 月的最高點 121.23 美元，分兩大波下殺至 2016 年 1 月的 1.2 美元，最近一波的高點位在 2011 年 7 月的 101.4 美元。若從 121.23 美元起算，股價跌掉了 99%，僅剩不到 1%。

　　二、放空股價比率（Short Interest as % of Float）高達 43%，這些放空者至此都不回補，市場普遍謠傳公司即將倒閉。

　　三、2016 年 1 月股價跌至 1.2 美元，雖然市場謠傳公司即將倒閉，經過深入的剖析，我知道該公司是北美規模最大的鐵礦砂公司，一旦倒閉會造成嚴重的社會問題，我研判美國政府不會坐視不管。這一點的研判非常重要，抄底最怕抄到倒閉的公司，那意謂著血本無歸。

　　四、我持續追蹤了兩個月，發現股價在 2016 年 2 月上漲至 2.16 美元，3 月上漲至 3.73 美元，而且 3 月的月成交量激增，主力有明顯在此月份吃貨的痕跡。

　　五、我下定決心跟隨主力的腳步，在 3 月中下旬分批大筆敲進。

　　六、而後一路飆漲（其間 2016 年 10 月有回檔至 4.91 美元，2020 年 7 月 9 日，我的介入價是 4.92 美元，僅差 0.01 美元，都是加碼良機），至 2017 年 2 月的 12.37 美元，

爆出天量之後才結束行情。

　　七、其後股價又從 2017 年 2 月的 12.37 美元下跌至 2017 年 6 月的 5.56 美元，之後又上漲至 2018 年 9 月的 13.1 美元，然後下跌至 2020 年 3 月的 2.63 美元，再次引起我的注目。

　　八、我是在連續觀察 2020 年 4、5 月兩個月後，才決定在 2020 年 7 月的 4.92 美元大筆介入。經過七個月，股價來到 2021 年 8 月的 26.51 美元，是 4.92 美元的 5.39 倍。

　　以下是我在這段期間操作克里夫的看盤日記，期間大約是最早的一個半月，大家可以對照這期間的日 K 線圖參考之。

6 月看盤日記

　　6 月 18 日：收盤 5.92 美元，下跌 8.07%，從 5 月 13 日一路漲到 6 月 7 日的 7.09 美元，漲多拉回很正常，明天有機會看到我很喜歡的 5.6 美元。

　　6 月 19 日：續跌 5.41%，果然來到 5.6 美元。從 5 月月 K 線觀之，2017 年 11 月的最低點 5.6 美元是第三波起漲點（漲到 2018 年 9 月的 13.1 美元），也是第二波很低

的點（最低是 5.56 美元），我很喜歡，若買進，我會把停損設在 5 美元。

6 月 20 日：我查到公司董事長 C. Lourenco Goncalves 最近幾個月以 4.49 美元買進 20 萬股（898,000 美元），增加持股至 6.8%，還有一批 insiders 十二個月內（2020 年 3 月 13 日前）一直還沒賣，持股平均成本為 5.95 美元。

6 月 22 日：量縮，漲 1.96%，收 5.71 美元，兩日 K 線小小貫穿，母子變盤，有止跌味道。最低來到 5.49 美元，5 月 26 日的 5.48 美元很像是壓制點。兩次狠狠下殺，測試了 5 月 26 日 5.48 美元與 5 月 27 日 5.58 美元的防禦能力，今天這一根會是關鍵 K 棒嗎？

6 月 23 日：收 5.7 美元，小跌 0.18%，今天最大的特色是成交量縮到 615 萬 9,400 股，那是 2020 年 3 月 19 日上攻以來的最低量。這會是攻擊前的窒息量嗎？相較於 VALE、TECK、BHP、RIO 等鐵礦砂類股，明顯弱勢許多，似乎 6 月 17 日與 18 日的賣壓不輕。

6 月 24 日：收 5.41 美元，下跌 5.09%，盤中最低來到 5.34 美元，沒買到。6 月 7 日 7.09 美元下來 A、B、C 三波洗了十二天（費氏係數是十三天），從 7.09 美元至 5.34 美元，下跌 24.7%（達 1.75 美元），應接近整理的滿

足點。若是 A、C 等浪，會跌到 5.32 美元，停損仍設在 5 美元。

　　6 月 25 日：開 5.33 美元，最低 5.28 美元，最高 5.5 美元，昨天沒買到的 5.33 美元，一開盤就買到了。開盤兩小時主力有定格壓盤的感覺，主力壓盤是先蹲後跳？或是感到清洗不夠乾淨？或是在此迎接友人共襄盛舉？最後一小時盤勢才轉強，先蹲後跳，漂亮！6 月 26 日期待一根關鍵 K 棒。

　　6 月 26 日：收 5.29 美元，跌 3.82%，一底比一底低，從 7.09 美元至盤中最低 5.25 美元，下跌 1.84 美元，約達 26%；從我的最愛 5.6 美元起算，也下跌了 6.25%；高點修正超過兩成，感覺不好，5.17 美元為雙跳口之處，是否有撐，值得密切留意。今日成交量 5,805,700 股，比 6 月 22 日還少，算是窒息量。盤中道瓊從 600 點跌到 700 點時，有感到主力力守在 5.29 美元。4.96 至 5 美元會是我的停損處，也會是多空轉折處，下週會是一齣精彩大戲。

　　6 月 29 日：開 5.35 美元，最高 5.55 美元，收 5.4 美元。收一個多空平分線，漲 2.08%，雙跳口的 5.17 元並未下跌觸及，但盤勢不夠強，危機仍未完全解除，5.55 至 5.7 美元形成了短壓，短線可能在 5.25 至 5.7 美元之間遊走，明

大師鍊金術

看盤日記是寫給自己看的，最重要的是客觀、公正、專業、精準。

30 口收月線，可能會是十字多空平分，看盤日記是寫給自己看的，最重要的是客觀、公正、專業、精準。

6 月 30 日：開低走高，收 5.52 美元（最高是 5.55 美元），漲 2.22%，盤中最低 5.27 美元，最高 5.55 美元，其間價差高達 5.3%，兩日 K 線似乎有止跌的味道，短線股價的區間會在 5.25 與 5.7 美元之間，月線收 5.52 美元，漲 0.2 美元（3.76%）；幾乎是多空平分線，5.25 美元似乎有撐，不易跌破；此時支撐築底之處，很可能是新波段的起漲點，值得留意與期待，這是 6 月底的看盤日記。

7 月看盤日記

7 月 1 日：收 5.37 美元，跌 2.7%，最高 5.58 美元，最低 5.21 美元，區間價差高達 0.37 美元，是 5.58 美元的 6.63%，懂得高出低進的話，利潤可觀（這是短線價差派）。今天破前低 5.25 美元，來到 5.21 美元，5.25 至 5.7 美元的股價箱型被打破，雖然收盤 5.37 美元，我仍然很忐忑，隱約暗示著股價盤中低點可能來到 5.17 美元（雙跳口）、5.1 美元（5 月 26 日低點），甚至 5.04 美元（5 月 25 日高點），須有備無患。停損仍設在 4.9 與 5 美元之間，停損點與起漲轉折點常是一線之隔，真難拿捏啊！這是關

鍵的看盤日記。

7月2日：開 5.54 美元，收 5.4 美元，小漲 0.56%，仍在 5.66 與 5.21 美元之間盤整格局。繼續觀察 5.17 美元是否有守。7.09 美元下殺整理已有十八個交易日，依我多年了解，克里夫的股性在起漲之前總會狠狠甩一次轎，我耐心等著。

7月6日：開 5.61 美元，最低 5.38 美元，收 5.58 美元，漲 3.33%，仍在 5.66 與 5.21 美元之間的盤整，精於高出低進者，中間價差超過 3%，這就是我說的短線價差派；但你必須冒著股價衝出盤局被洗出去的風險，7.09 美元下殺整理已有十九個交易日。

7月7日：開 5.48 美元，盤中最高 5.52 美元，最低 5.28 美元，收 5.31 美元，有喜亦有憂。喜的是，仍是 5.21 至 5.66 美元之間的盤整，季線來到 4.99 美元或與 K 線形態形成有力支撐；憂的是，兩日 K 線疑是寸步走跌，明日可能再測 5.21 美元，甚至 5 月 26 日的 5.1 美元、5 月 28 日的 5.01 美元。明日是費氏係數下殺整理第二十一個交易日，再說一次，停損點與起漲點常是一線之隔，很是掙扎。明天會是主力的甩轎日嗎？這是重要的看盤日記。

7月8日：果然寸步走跌，盤中最低 5.08 美元（有見

到一根 218,346 股的大量拉上來），收 5.15 美元，跌 3.01%，這根跌破平台整理的關鍵 K 棒隱約告訴我，股價可能會觸及 5.01 美元，甚至封 5 月 2 日的缺口 4.97 美元、碰觸到 4 月 28 日的 4.99 美元，或買或賣或抱，必須好好斟酌。

7 月 9 日：前一日關鍵 K 棒果然準確，收 4.99 美元，岌岌可危。盤中有觸及 4.92 美元，我分批進場買到了 5.04 美元、5.01 美元、4.97 美元、4.95 美元。以前論及的支撐皆已跌破，僅剩最後一關的 4.9 元，嚴守紀律，破 4.9 元停損，這是最關鍵也是最痛苦的時刻（起漲與停損常是一線之隔），此看盤日記是在掙扎中完成，一輩子都會記得。

7 月 10 日：收 5.74 美元，大漲 15.03%，這是一根漂亮的關鍵 K 棒（量爆出、價大漲、線長紅），我熟悉的克里夫回來了，它告訴我下面五個重要的訊息：一、4.92 美元波段底部確立。二、探底危機解除。三、主力強力拉抬，背後可能有大利多（基建？股息？）。四、一根長紅吃掉前面十一根 K 線，是罕見的十一根反紅。五、成交 2,678 萬股，這是 3 月 19 日 2.63 美元以來的最大量，因量太大，恐怕要拉回來洗一下；若沒洗就持續上攻，那是超強。今天最大的感慨是：起漲與停損常是一線之隔，我停

損設在 4.9 美元，而波段最低是 4.92 美元，僅一線之隔，慶幸我昨日仍大膽分批買進。

7 月 13 日：收 5.66 美元，小跌 1.39%，果然回來整理，一直撐到收盤前約一小時才回來洗，開高走低，跳空見小鬼的盤；到底會回檔到哪裡呢？這考驗我們的看盤功力，整理結束的那個點，或許又是一個好的買點。

7 月 14 日：收 6.01 美元，漲 6.18%。果然如我所說，拉回來洗一下，僅洗一天有點意外，強！再來就要面對 6 月 16 日 6.44 美元與 6 月 17 日 6.15 美元跳空缺口的壓力，此壓力不會太輕，然而 MACD 指標、DIF（差離值）0.021 在零軸之上交叉 MACD 0.015 向上，行情欲小不易。

7 月 15 日：收 6.02 美元，漲 0.01 美元，幾乎是平盤。一方面 6.15 美元跳口的近關情怯，一方面小幅整理，盤低點只見到 5.85 美元，要再見到我喜歡的 5.6 美元可能不太容易，7 月 9 日的 5.77 美元會是有力的支撐，留意 MACD 指標的發酵。

7 月 16 日：收 5.82 美元，意料之外下跌了 3.32%，這根開高走低的 K 線我不喜歡。收 5.82 美元，距離我的停利 5.77 美元僅 0.05 美元。持續觀察是否跌破 5.77 美元，看盤時以 K 線、量價、撐壓為主，MACD 指標、34 日移

大師鍊金術

隨時牢記虧損時斷然小停損，獲利時抱牢賺取大波段。

動平均線為輔。隨時牢記虧損時斷然小停損，獲利時抱牢賺取大波段。

7 月 17 日：收 5.7 美元，下跌 2.06%，觀盤中江波圖，決定修正停利至 5.6 美元，那是我喜愛的價位；我留意到 44 日移動平均線在 5.58 美元，34 日移動平均線在 5.81 元，10 日移動平均線在 5.6 美元，我的操作習慣是停損斬釘截鐵，停利則偶爾會修正（賺多或賺少而已）。我研判 7 月 9 日那根 26,777,230 股是吃貨量，收盤價是 5.74 美元，若洗太深就有問題，因為主力不會拿石頭砸自己的腳。

7 月 20 日：收 5.65 美元，跌 0.88%。盤中最低 5.56 美元，無獨有偶，2017 年 11 月 15 日起漲點 5.57 美元，相差僅 0.01 美元，量縮收十字變盤線，10 日與 44 日移動平均線都在 5.61 美元，冷靜觀其變化。

7 月 21 日：收 5.89 美元，漲 4.25%，5.6 美元果然是最愛，7 月 9 日那根 26,777,230 股應該是吃貨量，放上 5.83 美元的 34 日移動平均線，股價轉強，再來有 6.18、6.44、6.86、7.09 美元層層的關。

7 月 22 日：收 5.79 美元，跌 1.7%，沒破大量 5.77 美元，MACD 仍然在零軸之上，0.7 大於 0.5，還在大漲 15.03% 之後的平台整理，靜觀其變。

7月23日：收 5.75 美元，跌 0.69%，盤中美股有殺盤，曾被殺到 5.67 美元，很明顯尾盤約用三、四十萬股拉上來，今日成交 5,184,320 股，是 2020 年 3 月 29 日底部 2.63 美元上漲以來最低量，量縮，5.77 美元大量上攻後整理九天，又準備要上攻了嗎？

7月24日：收 5.65 美元，跌 1.74%，中美領事館關閉戰引爆殺盤，盤中竟然又見到 5.56 美元，下殺之中軟中有撐，隱含下面的契機：一、大量拉上來的平台整理仍未被破壞；二、13 日、19 日、23 日這三天的低點都是 5.56 美元，構成小小的三重底（這有力量）；三、留意 7 月 27 日的交易日正好是 7.09 美元高點下殺的第 34 天；四、MACD 都是 0.06，多空平分；五、季線（多空分界）5.37 美元近在咫尺；六、原先設定的 5.6 美元停利仍須遵守；七、解盤仍以 K 線與其形態（量、價線）為主，移動平均線為輔。今天是關鍵的看盤日記，提醒自己停利與起漲也老是在一線之隔。

7月27日：收 5.89 美元，漲 4.25%，漂亮！小小三重底果然有力量；MACD 交叉向上，0.07 大於 0.06；3 日、10 日、34 日移動平均線糾結在 5.82 美元附近，季線上升至 5.4 美元，仍以 5.6 美元為停利。

7月28日：收5.65美元，跌4.07%；似乎在5.95與5.56美元之間做平台整理，移動平均線糾結，這是短線價差派的機會（要小心不被洗出去）；調整停利為5.56元，季線上升至5.42美元。

7月29日：收5.81美元，漲2.83%，仍是5.95與5.56美元之間的平台整理；尾盤明顯有大量拉抬，莫非有利多？

7月30日：收5.67美元，跌2.41%，今天的盤比較複雜，下殺是假的，平台整理是真，理由如下：一、開盤小漲至5.9美元之時間因美國GDP造成美股大跌，主力趨勢大洗盤下殺至5.33美元；二、我順勢在5.5美元附近大撿便宜貨；三、今日的大量與長下影線（收盤前拉到5.79美元）證實了我的看法；四、季線來到了5.47美元，盤中跌破季線，是難得的加碼點；五、必須遵守5.56美元的停利（看收盤）；六、今天是Q2財報，每股收益與盈利均超出預期；七、這根絕對是關鍵K棒。

7月31日：收5.18美元，大跌8.64%，這一根長黑跌得莫名其妙，我真看不懂。一、盤後經過查證，原來財報從盈餘修正為虧損0.07美元（可能受其鋼鐵廠拖累）；二、開盤跳空5.48美元，破停利5.56美元，持股賣出一

半（低檔獲利部分），這是紀律；三、另一半持股停損設在 4.9 美元（較高價買進部分）；四、均線罩頂，線形去空；五、虧損利空罩頂，股價可能再次回測 4.9 美元附近；六、橫向整理的盤最怕這種跳空下殺的 K 線。

後記：克里夫股價開始飆漲是在 10 月初，股價漲過 6 月 7 日的高點 7.09 美元之後才轉強。到了 2021 年 8 月，股價飆漲至 26.51 美元，是 2020 年 4 月起漲 2.63 美元的 10 倍。

大師鍊金術

看盤日記不可能篇篇精彩，也不可能篇篇準確，最重要的是在對錯與跌撞中磨練出自己的功力。

第十堂課

遍訪高手，拜師學藝

在股市要成為高手，大概只有兩個途徑，

一是苦讀經典，開悟成材；

二是遍訪高手，拜師學藝。

而遇見高手是難得的機緣，一定要好好把握。

根據我三十年的觀察，在股市要成為高手，大概只有兩個途徑，一是苦讀經典，開悟成材；二是遍訪高手，拜師學藝。關於「苦讀經典，開悟成材」，我們已經在第一堂課〈苦讀二十本經典，拿股票系學位〉之中深入討論過了，本章要討論「遍訪高手，拜師學藝」。

高手的三個等級

我曾經在《抄手實戰 66 招》一書中，把股市裡的高手區分為下列三個等級：

一、**初級高手**：此一等級的高手深諳道氏循環理論與艾略特波浪理論，熟知葛拉漢的價值理論，熟知麥基的技術分析，熟讀過李佛摩與科斯托蘭尼及史洛門的經典作品，他們有能力在每次股價循環中逮到底部、大膽買進，而且抱牢持股賣在頭部。

二、**中段高手**：此一等級的高手比初段高手還要高一級，他們非但能夠逮到底部、大膽買進，抱牢持股賣在頭部，而且有能力在空頭市場中抓到 B 波的高點大舉放空，多空兩頭都大賺。

三、**高段高手**：此一等級的高手比中段高手更高一級，乃是高手中的高手，他們有能力研判出波浪理論中八個波段之每一波段的高低點。他們第一波做多，第二波放空，第三波做多，第四波放空，第五波做多，第六波放空，第七波做多，第八波放空，聽起來像是神仙在操作。我沒見過高段高手，不過據說日本江戶時代的本間宗久即屬此號人物，他乃是 K 線奧祕的鼻祖。

高手的三種派別

第二堂課說過，根據獲利方式的不同，股市高手大概可區分為存股派高手、抄底派高手以及短線價差派高手。

一、**存股派高手**：大家熟悉的股神巴菲特和林區都是存股派的頂尖高手。在台灣，我熟知的存股派高手有兩座山、楊禮軒、李忠孝等人，其中楊禮軒有公開演講與開課。

二、**抄底派及代表人物**：在台灣，抄底派高手似乎不多，個人因著有抄底三書而被歸為此派。而安喜樂因創辦「全球商品抄底」網站，亦被歸為此派別。我會不定期

大師鍊金術 ─── 高手分三個等級，即初段、中段及高段。新手要先設法進入到初段。

（原則上每年一次）在台北公開舉辦「抄底個案實戰班」。

三、**短線價差派高手**：關於短線價差，我比較陌生，目前可以說仍在研習階段。有興趣者或可上 YouTube 搜尋「阿魯米」，聽說他公開了三個月賺千萬的招數。另外，亦可上「丰山當沖交易實單討論社」去逛逛，聽聽版主唐豐山述說他短線進出的實戰心得。

另外，我在第十二堂課〈從大抄底演進到小抄底〉會對這部分做更深入的解說。

尋訪高手的途徑

電視與網路自稱專家、高手的一大堆，你很難判斷誰是真正高手、誰又是騙子。雖然如此，識別高手與騙子的能力很重要，建議好好去讀我寫的《識人學》，對於判別高手與騙子應該大有助益。

據我所知，真正的高手大都不願拋頭露面，也很少在電視上解盤，因為他們深知招搖容易惹禍上身。因此，得花點心思尋找他們。

認識高手有兩個方法。第一個方法是經由其著作或貼文尋人，基本上，你必須具備研判書籍好壞或貼文優劣的

能力。當你讀過此人作品，確定他是高手之後，找機會主動認識他，或參加他的社團，或參加他的課程，或經由可靠友人介紹等等。

　　第二個方法是高手介紹高手。物以類聚，人以群分，當你認識第一個高手之後，經由他的介紹，慢慢就能認識第二位、第三位。若高手沒有著作，就只能經由介紹或參加社團認識。股市高手若能認識兩三位，已屬難能可貴。

　　還有，要找機會讓高手注意到你並認識你，甚至成為有價值的你，高手有意無意指點你一二，你就獲益良多。

　　上述兩種方法比較保險。網路上也有利用著作騙人參加會員，或遇代操或聚眾投資或穩賺不賠，這些要特別小心，大都是騙錢的勾當。

我尋訪高手的經驗談

　　我曾經透過上述方法過濾之後找到了六位老師，每位平均花了三萬元上過他們的課，結果三位是高手，三位是騙子。我非常感激那三位高手，所學的東西至今仍非常受用；我也不會埋怨那三個騙子，我當成是尋訪高手所需繳交的路費。這是我信主之後才學會的：凡事感恩。

大師鍊金術

識別高手與騙子的能力很重要，真正的高手大都不願拋頭露面，因此得花點心思尋找他們。

其實有實力的好老師，只要上課十分鐘就會深刻感受到。若你上了三十分仍不知所云，一定是碰到騙子了。遇見騙子上課，最明顯的現象是：容易睡著，而且睡得特別香。遇見好老師是一種機緣，其獲益會是三萬的十倍、百倍甚至千倍。

那六位老師當中，其中一位僅教會我一定要勤寫看盤日記（請參第九堂課），他還沒教我們怎麼寫，只是說要寫，儘管如此，花三萬學到這一點仍很感激。如今我已經把撰寫看盤日記傳授給你們，務必要珍惜。

上課最大的好處就是，那位高手畢生的功力會在短短幾小時內灌輸給你，你若準備充分又能心領神會，上完課開竅了，便會判若兩人。

即使上課時一知半解，趕緊筆記下來，將來有一天融會貫通，就會知道這樣的好課程價值連城，可遇不可求。

我再說一次，遇見高手是難得的機緣，要好好把握。

安納金的網路免費教學

我的朋友安納金既是股市高手也是網路紅人，著有《高手的養成》三書與《一個投機者的告白實戰書》，行

事極為低調，不曾公開授徒，但有心跟他拜師學藝者，可主動申請加入他的「高手養成——財富自由」學習園地，這相當於網路的免費教學，至今學員有數千人。

安納金是位認真的老師，他嚴格要求申請者必須真誠地學習，不但通訊的 email 必須據實填寫，而且要求必須撰寫 250 字的入社原因，內容須談及過去從安納金的文章或著作中學到了什麼心得，經專人審查後方可入社。入社後若不夠用功，學習敷衍，還會被他逐出門牆。其中最膾炙人口的，就是「市場微結構分析討論」。

這是在網上免費跟高手學習的好地方，應好好把握。在加入他的「高手的養成——財富自由」之前，建議先好好讀〈安納金的修練之路〉，這是他所著《高手的養成 1》的第一章，內容包括：

1997 年：亞洲金融風暴，初嘗實務世界之美；

1998 至 2000 年：跨入國際股匯市，在全球市場初試啼聲；

2001 至 2003 年：重新認識市場，第一次大空頭的洗禮；

2004 至 2007 年：飆股與槓桿，多頭市場的顛峰之作；

大師鍊金術

上課最大的好處就是，那位高手畢生的功力會在短短幾小時內灌輸給你，即使上課時一知半解，趕緊筆記下來，將來有一天融會貫通，就會知道這樣的好課程價值連城。

2008 年：失落的世界，第二次大空頭的洗禮；

2009 至 2015 年：用志氣與新能力，尋找投資的聖杯；

2016 至 2017 年：我要幫助一萬人，傳遞紀律、智慧與善良。

請注意，安納金的修鍊之路中，歷經了台股兩次大空頭的洗禮，這正好呼應了我在本書第八堂課所言：一定要歷經空頭市場的洗禮。

安納金的另一項絕學是「市場微結構」，我認為這是非常難得的短線法寶，短線價差派一定要好好拜讀，我在此列出其章節綱要供有心者參考：

●《高手的養成 2》第四章〈市場微結構〉：

一、認清市場的交易者：贏家 vs. 輸家取決於資訊。

二、如何尋找並確認領頭的主流類股。

三、強勢股做多操作法：高手偏愛強者恆強的主流股。

四、弱勢股放空獲利術：找出放空標的及最佳放空時機。

五、從市場微結構變化預判行情轉折：弱勢股補漲代表的意義。

●《高手的養成3》第一章〈市場微結構〉：

一、高手的養成三階段：開放心胸、廣泛學習、大空頭洗禮。

二、微觀 vs. 巨觀：市場微結構看短線不看中長線。

三、比價效應。

四、產業類股的景氣循環輪動。

五、跨市場的比價。

六、產業類股的挑戰。

七、油價的影響。

八、市場微結構的奧義：每天觀察判斷→檢視調整→反覆修練。

舉辦「抄底班」的原由與課程內容

我先學新聞，再學企管，最後在投資領域開花結果。

妻笑我都七老八十了，還湊什麼熱鬧，開什麼抄底個案課程。妻沒當過老師，永遠不知道當一位被學生肯定的老師有多麼滿足。

大約在二十八年前，我曾經在世新大學教了一年「廣告企劃」，後來我就把上課講義加添資料整理成書出版，

大師鍊金術

短線操作一定要懂市場微結構，它將領你進入操盤的殿堂。

就是那本暢銷一時（達九萬冊）、被許多學子肯定的《企劃案》。我當時教的是畢業班，同學都會在謝師宴上邀請授課老師出席。我印象最深的是，一位同學過來向我敬酒說：「沒想到世新還有您這樣的老師。」

二十八年前的世新大學仍是世界新聞專科學校，未達今天的知名與水平，我知道他要說的是：「您很棒！」這句話在二十八年之後，仍會讓我心頭一熱。

心中掛念「抄底」的傳承，由《Money錢》主辦的「抄底個案實戰班」會是我今生當老師的最後機會。年事已高，能開幾次真說不準，但絕對不能讓來上課的學生失望，也不能讓自己失望。

每次給抄底班的同學上課，總會讓我想起元宵節流傳久遠、老師給學生點燈的做法。古代的私塾從春節開始放假，一定要到正月15日才會開學。在開學之日，每位學生均須攜帶一盞精美的燈籠，到私塾請老師替他點燃。此一點燃的儀式稱為「點燈」，象徵此舉動將給學生帶來光明的前程。

燈不點不亮，我雖老邁，仍很樂意為抄底班的同學們點燈。

下面是「抄底個案實戰班」的課程內容：

一、如何賺股市的大錢？

二、何謂抄底？為何要抄底？如何挑選標的？

三、天道酬勤，地道酬善，商道酬信，股道酬忍。

四、2008 年台股抄底的實際過程。

五、抄底的主要理論根據：

（一）循環理論（波浪理論與情緒的循環）。

（二）位置理論（獲利基礎）。

（三）棄取理論（人棄我取）。

（四）順勢理論（大賺關鍵）。

六、抄底的次要理論

（一）時間理論（費波南希）。

（二）抱股理論（吃足三波）。

（三）選股理論（投資 vs. 投機）。

（四）籌碼理論（量會說話）。

七、抄底的風險與停損理論。

八、存股派與價值理論。

九、試論第四次台股循環（3,955 點起漲）的探底。

十、鐵礦砂 TECK、VALE、CLIFFS 抄底始末。

十一、道氏循環理論與科氏股價漲跌循環圖。

十二、底部趨勢轉換圖。

大師鍊金術

抄底開班，承先啟後，這是我與散戶對話的最佳窗口。

未來的「抄底個案實戰班」因為加入了小抄底，課程內容會有更動，除了大抄底之外，更涵蓋了三至六個月小抄底的行情探討。

第十一堂課

建構失傳的
本間宗久 K 線奧祕

從 K 線中可以看出多空買賣雙方力道的消長、

市場主力操作的方向,

以及股市中上漲、下跌、盤整等三種不同行情的變化,

研判出股價的未來走勢,進而決定買或賣的最佳時機。

如今 K 線已經成為投資大眾最重要的股票技術分析工具。

我是 K 線的忠實信徒，因為 K 線是真金白銀、多空交戰之後留下的真實狀況，從 K 線的成交量、價格、線形（量價線）及其形態，我可以逮到左側交易的支撐點（買撐不買跌），可以研判出右側交易的攻擊點（買攻不買漲）。

換言之，靠著剖析 K 線量價線及其線形，我能掌握到短線與長線多趨勢的那個點。

坦白說，有關技術分析常常提及的 KD、移動平均線、MACD、RSI 等，我反而很少用（僅拿來參考），因為我發現它們都是落後指標，依靠它們無法超前部署。

K 線、K 線形態、量價線是我技術分析的核心，其中包含了從關鍵 K 棒、成交量、K 線的形態、量價的變化、時間波與空間波的修正、大股東的進出動態，去研判或多或空趨勢的走向，去左側交易買撐，去右側交易買攻（關於左側交易與右側交易，詳見第十二堂課）。我認為最符合上述要件的，當屬失傳的本間宗久祕錄。

酒田 K 線與本間宗久

日本德川幕府時代的稻米期貨市場中，K 線是記錄米

價每天或漲或跌所畫出的一種圖解形態。市場所有的訊息都會反應到 K 線上，那是最真實可靠的多空資訊。

據說，K 線是由當時出羽國（今山形縣酒田市）一位米市行情之神本間宗久所發明。他生於 1724 年，卒於 1803 年，畢生投入米市的研究長達四十年，他對米市行情波動、季節影響、氣候循環、戰時供需、大戶心態、投機炒作等全都瞭若指掌，並征服了當時日本的堂島與藏前兩大米市，被譽為「相場之神」。

本間宗久尤其擅長利用他每天畫出的 K 線圖，從中準確地研判出米市未來的走向。當他嗅出市場行情即將轉多時，即提前布局買進；當他嗅出市場行情即將轉空時，則毅然拋空賣出。

由於他利用 K 線圖所預測的米市行情十分準確，所到之處無不萬人空巷，米市裡隨即尊稱他是行情之神，不但被當時的幕府禮聘為財政首席，又因他出生於山形縣酒田市，那一套神準的 K 線也被人稱之為「酒田 K 線」或「酒田戰法」，當時更有「酒田晴，堂島陰，江戶藏前雨飄雪」的時諺。

本間宗久這一套酒田 K 線都寫在他所著的《本間宗久密錄》與《三猿金泉錄》中，歷經兩百多年後人的精心研

從 K 線中，我們可以看出多空力道的消長，靠著剖析 K 線量價線及其線形，我能掌握到多趨勢的那個點。

究，並把這套記錄漲跌的圖解方法引用到股市短期間的漲跌，發現對於預測短線多空走勢的準確性很高，於是逐漸被投資人所採用，並且演變成為股票技術分析的重要工具。

股市裡所謂的 K 線，就是以股市裡每日、每週、每月實際交易的記錄，把各種股票每日、每週、每月的開盤價、收盤價、最高價、最低價等漲跌變化情況，用繪圖方式表現出來。同理，以加權股價指數每日、每週、每月實際交易的記錄，依每日、每週、每月的開盤加權股價指數、收盤加權股價指數、最高加權股價指數、最低加權股價指數，即可畫出大盤的日 K 線、週 K 線及月 K 線。

從 K 線中，我們可以客觀地看出多空買賣雙方力道的消長、市場主力操作的方向（必須配合成交量一起觀察），以及股市中上漲、下跌、盤整等三種不同行情的變化，然後經由 K 線圖研判出股價的未來走勢，進而決定買或賣的最佳時機。因此，如今 K 線已經成為投資大眾最重要的股票技術分析工具。

基於計算基數的不同，K 線可分為日 K 線、週 K 線、月 K 線三種。而 K 線的畫法，就是依每股交易期間的開盤價與收盤價，用實體的紅黑線表現出來，並把最高價與

最低價是虛體的上下影線表現出來。

我們就以某檔股票為例，開盤價 52 元，收盤價 53.5 元，最高價 54 元，最低價 51 元，那麼這檔股票的日 K 線即可依下列五個步驟來完成（參圖 11-1）：

圖 11-1　K 線的畫法

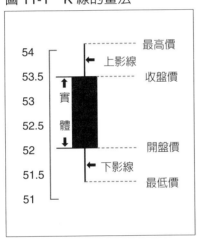

一、在事先設計好的統計圖表上，依開盤與收盤價格各畫一條橫線。

二、當收盤價高於開盤價，收盤價在上，開盤價在下；當收盤價低於開盤價，開盤價在上，收盤價在下。

三、把開盤價與收盤價橫線之兩端連接起來，形成一

個長方形的實體。當收盤價高於開盤價，此實體便塗上紅色，稱為「紅體 K 線」，簡稱「紅 K 線」；當收盤價低於開盤價，此實體便塗上黑色，稱之為「黑體 K 線」，簡稱「黑 K 線」。

四、在開盤價與收盤價上下方的最高價與最低價處各畫一點，然後用直線連接起來，就成為上影線與下影線。

五、上影線的頂點表示最高價，下影線的底點表示最低價。

如此一來，一張日 K 線圖就畫成了。

一根日 K 線代表的力量

每一根日 K 線都是多方與空方激戰一天後呈現出來的戰果。原則上，紅 K 線表示多勝空敗，買盤強於賣盤；黑 K 線表示空勝多敗，賣盤強於買盤。而上影線愈長，表示上檔的賣壓愈強；下影線愈長，表示下檔的承接力道愈強。

事實上，畫線容易，看線困難，必須有相當的 K 線理論基礎與實際看盤經驗，才能深刻體會各種 K 線圖所展示的意義。

下面介紹一根日 K 線二十六種形態最基本的涵義：

一、無上影線與下影線的紅 K 線，如下圖，此形態表示多方較強，空方較弱。

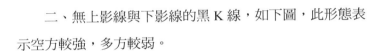

二、無上影線與下影線的黑 K 線，如下圖，此形態表示空方較強，多方較弱。

三、有上影線、無下影線的紅 K 線之一（紅體線長於上影線），如下圖，表示股價上漲雖遭遇上檔賣壓，但多方仍然強於空方。

四、有上影線、無下影線的紅 K 線之二（紅體線與上影線長度相等），如下圖，表示多方與空方的力道趨於相

大師鍊金術 ── 每一根日 K 線都不可小覷，因為那都是多方與空方激戰一天後呈現出來的戰果。

當，但是上檔有賣壓。

　　五、有上影線、無下影線的紅 K 線之三（紅體線短於上影線），如下圖，表示股價雖然上漲，但空方力道已逐漸增強。

　　六、無上影線、有下影線的紅 K 線之一（紅體線長於下影線），如下圖，表示買盤在低價位居上風。

　　七、無上影線、有下影線的紅 K 線之二（紅體線與下影線長度相等），如下圖，表示買盤在低價位有支撐。

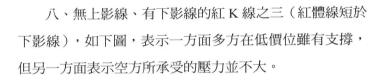

八、無上影線、有下影線的紅K線之三（紅體線短於下影線），如下圖，表示一方面多方在低價位雖有支撐，但另一方面表示空方所承受的壓力並不大。

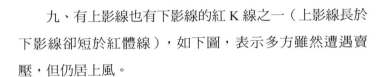

九、有上影線也有下影線的紅K線之一（上影線長於下影線卻短於紅體線），如下圖，表示多方雖然遭遇賣壓，但仍居上風。

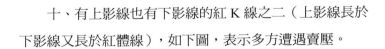

十、有上影線也有下影線的紅K線之二（上影線長於下影線又長於紅體線），如下圖，表示多方遭遇賣壓。

十一、有上影線也有下影線的紅 K 線之三（下影線長於上影線卻短於紅體線），如下圖，表示多方雖然遭遇賣壓但仍處於有利情勢。

十二、有上影線也有下影線的紅 K 線之四（下影線長於上影線又長於紅體線），如下圖，表示多方仍舊面臨空方的賣壓。

十三、有上影線、無下影線的黑體線之一（黑體線長於上影線），如下圖，表示空方力道強於多方。

十四、有上影線、無下影線的黑體線之二（黑體線與上影線長度相等），如下圖，表示空方仍舊掌握局勢。

　　十五、有上影線、無下影線的黑體線之三（黑體線短於上影線），如下圖，表示股價雖仍下跌，但多方力道已逐漸有超過空方之趨勢。

　　十六、無上影線、有下影線的黑體線之一（黑體線長於下影線），如下圖，表示空方力道仍然強過多方。

大師鍊金術

日K線中有長長的下影線，表示下檔有撐。

　　十七、無上影線、有下影線的黑體線之二（黑體線與
下影線長度相等），如下圖，表示股價雖仍下跌，但多方
力道增強。

　　十八、無上影線、有下影線的黑體線之三（黑體線短
於下影線），如下圖，表示股價雖仍下跌，但多方力道已
逐漸超過空方。

　　十九、有上影線也有下影線的黑體線之一（上影線長
於下影線卻短於黑體線），如下圖，表示上檔賣壓很重，
而多方亦曾力爭上游。

二十、有上影線也有下影線的黑體線之二（上影線長於下影線又長於黑體線），如下圖，表示股價雖下跌，但多方力道強勁，隨時準備反攻。

二十一、有上影線也有下影線的黑體線之三（下影線長於上影線卻短於黑體線），如下圖，表示空方力道大於多方，多方回升力道有限。

二十二、有上影線也有下影線的黑體線之四（下影線長於上影線又長於黑體線），如下圖，表示空方稍居傷勢，而多方回升的力道不明顯。

二十三、有上影線、無下影線的平盤線（又稱倒 T 線），如下圖，表示開盤價與收盤價相同，而當天成交的價位全都在開盤價上面，由此可知多方上攻力道不足。

⊥

二十四、無上影線、有下影線的平盤線（又稱 T 字線），如下圖，表示開盤價與收盤價相同，而當天成交的價位全都在開盤價下面，由此可知空方下殺力道不足。

丅

二十五、有上影線亦有下影線的平盤線（又稱十字線），如下圖，表示開盤價與收盤價相同，多空交戰之後，雙方不分勝負，形成盤局。

二十六、無上影線也無下影線的平盤線，如下圖，表示當天僅以一個價位成交，通常股價跳空漲停或跌停鎖死之時，才會出現此型態。

—

兩根日 K 線代表的力量

兩根日 K 線都是多方與空方激戰兩天後呈現出來的戰果。它所表示的偏多或偏空的意義會比一根日 K 線更加清晰。兩根日 K 線可區分為「吞噬」、「貫穿」、「孕育」、「相逢」等四種形態。

一、吞噬（Engulfing，最強走勢）

顧名思義，「吞噬」就是後面一根 K 線把前面一根 K 線吞掉，不論紅 K 線吞掉黑 K 線，或是黑 K 線吞掉紅 K 線，均屬吞噬。不過要留意的是，兩根 K 線的高點與低點必須在十點之內才叫做「吞噬」。

吞噬的 K 線形態有兩種，其一是空方 K 線被多方 K 線所吞噬，其二是多方 K 線被空方 K 線所吞噬。

（一）空方 K 線被多方 K 線所吞噬（參下圖）：

口訣：多方量小吞噬空方為強勢，宜做多。

口訣：多方量大吞噬空方為轉折，宜觀察。

多方量小吞噬空方為強勢，宜做多；多方量大吞噬空方為轉折，宜觀望。吞噬的力道在 K 線而言，不論多吞噬空或空吞噬多，其轉折力道都是最強。

多方 K 線吞噬空方 K 線之後，可能演變為走多的二紅吞黑的 K 線形態。參下圖。

多方 K 線吞噬空方 K 線之後，亦可能演變為走空的下降三法的 K 線形態，參下圖。

針對上述兩種情況走勢的演變，當空方 K 線被多方 K 線吞噬後，接下來走多形成外側三紅的機率較大。

（二）多方 K 線被空方 K 線所吞噬（參下圖）：

口訣：空方不論量大量小皆強勢，宜做空。

空方 K 線吞噬多方 K 線後，可能演變為走空的二黑吞紅的 K 線形態，參下圖。

空方 K 線吞噬多方 K 線之後，亦可能演變為走多的
上升三法的 K 線形態，參下圖。

針對上述兩種情況走勢的演變，當多方 K 線被空方 K
線吞噬之後，接下來走空形成二黑吞紅的機率較大。

二、貫穿（**Piercing**，次強走勢）

顧名思義，貫穿就是後面一根 K 線貫穿到前面一根 K
線。貫穿的 K 線形態有兩種，其一是多方貫穿，及多方 K
線貫穿到空方 K 線；其二是空方貫穿，即空方 K 線貫穿
到多方 K 線。

（一）多方貫穿

多方 K 線貫穿到空方 K 線三分之一處（參下圖），這
表示多方 K 線進攻到空方 K 線的三分之一處，屬弱勢多

大師鍊金術

不論多方貫穿空方或空方貫穿多方，只要達二分之一即屬中度攻擊，若達三分之二即屬強勢攻擊。不論紅K貫穿黑K或黑K貫穿紅K，其轉折力道僅次於吞噬。

方攻擊。

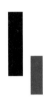

　　多方K線貫穿到空方K線二分之一處（參下圖），這
表示多方K線進攻到空方K線的二分之一處，屬中度多
方攻擊。

　　多方K線貫穿到空方K線三分之二處（參下圖），這
表示多方K線進攻到空方K線的三分之二處，屬強勢多
方攻擊。

　　（二）空方貫穿

空方 K 線貫穿到多方 K 線的三分之一處（參下圖），
這表示空方 K 線進攻到多方 K 線的三分之一處，屬弱勢
空方攻擊。

雖然這只是弱勢的空方攻擊，然而若加上成交量的量
價背離（譬如多方 K 線量為 1,000 億，而空方 K 線量達到
1,500 億），這就形成明顯走空的烏雲罩頂走空形態。

空方 K 線貫穿到多方 K 線二分之一處（參下圖），這
表示空方 K 線進攻到多方 K 線的二分之一處，屬中度空
方攻擊。

空方 K 線貫穿到多方 K 線三分之二處（參下圖），這
表示空方 K 線進攻到多方 K 線的三分之二處，屬強勢空
方攻擊。

大師鍊金術

若形成孕育，不論子母變盤或母子變盤，均屬即將變盤的線形，一定要格外留意。

三、孕育（複雜走勢）

所謂孕育，顧名思義，就是後面一根 K 線懷抱前面一根 K 線，形成子母變盤；或是後面一根 K 線被前面那根 K 線所懷抱，形成母子變盤。

（一）子母變盤

後面一根黑 K 線懷抱前面一根紅 K 線的子母變盤（參下圖）。只要黑 K 線的母量大於紅 K 線的子量，次日下跌的機率高達八成。

後面一根紅 K 線懷抱前面一根黑 K 線的子母變盤（參下圖）。只要紅 K 線的母量大於黑 K 線的子量，次日上漲的機率高達八成。

（二）母子變盤

●母是紅 K 線，子是黑 K 線的孕育形態

1. 子黑 K 線出現在上方的母子變盤（參下圖），這表示空方力道不強，此一子黑 K 線可能來自獲利回吐的壓力，即使子量稍大於母量亦作如是觀。

2. 子黑 K 線出現在中間的母變盤（參下圖），若是母量大於子量，乃多空平分，退場觀望；若是母量小於子量，明日走跌機率較大。

3. 子黑 K 線出現在下方的母子變盤（參下圖），這是走空的訊號，若是子量又大於母量的話，走空的訊號更加

母子變盤比子母變盤更複雜，前者一共有八種形態，後者只有兩種形態。

明顯。

●母是黑 K 線、子是紅 K 線的孕育形態

1. 子紅 K 線出現在上方的母子變盤（參下圖），這是走多的訊號，多方力道轉強勢，條件是黑 K 線的母量必須大於紅 K 線的子量。

2. 子紅 K 線出現在中間的母子變盤（參下圖），這是空轉多的中度訊號，條件是黑 K 線的母量必須大於紅 K 線的子量。

3. 子紅 K 線出現在下方的母子變盤（參下圖），這是空轉多的弱勢訊號，條件是黑 K 線的母量必須大於紅 K 線的子量。

●母是黑K線、子也是黑K線的孕育形態（參下圖）。母子均黑，前程暗淡，這是走空的訊號。

●母是紅K線、子也是紅K線的孕育形態（參下圖），母親同心，其力斷金，這是走多的訊號。

四、相逢

顧名思義，這是紅K線與黑K線相逢，或是黑K線與紅K線相逢的意思。紅K線與黑K線相逢（參下圖），這是空方遭遇多方的抵抗，紅K線在黑K線收盤點附近彼此相逢。這是多方弱勢抵抗空方的現象。

大師鍊金術

不論是紅K線與黑K線相逢，或黑K線與紅K線相逢，其轉折力道都是最弱的。

　　黑 K 線與紅 K 線相逢（參下圖），這是多方遭遇空方的抵抗，黑 K 線在紅 K 線收盤點附近彼此相逢。這是空方弱勢抵抗多方的現象。

　　不論空方遭遇多方的抵抗，或是多方遭遇空方的抵抗，因為屬弱勢抵抗，所以抵抗太都無效，除非抵抗的成交量達被抵抗者 1.5 倍以上，發生量價背離現象，抵抗才會有效。

　　而除了「吞噬」、「貫穿」、「孕育」、「相逢」等四種形態之外，兩根日 K 線仍有「雙鎚打樁」、「倒鎚墓

碑」、「寸步趨漲」、「寸步趨跌」、「蜻蜓點水」等五種形態，茲說明如下。

五、雙鎚打樁

雙鎚打樁區分為「平行排列」、「上升排列」、「下降排列」等三類。

（一）平行排列的雙鎚打樁（參下圖），雙鎚打樁，落地生根，為走多訊號。

（二）上升排列的雙鎚打樁（參下圖），意思是第二根 K 線的高點與低點都比第一根 K 線的高點與低點高。當出現上升排列的雙鎚打樁時，走多確立。

（三）下降排列的雙鎚打樁（參下圖），意思是第二根 K 線的高點與低點都比第一根 K 線的高點與低點低。

這表示多方的攻擊力道不足，成功與失敗機率各半，建議突破第一根 K 線的高點再做多。此為明日開盤定多空的形態，若開高常為長紅，若開低常為長黑。亦即多頭若反攻失敗，常有急跌走勢，故多方明日非開高不可。

六、倒鎚墓碑

倒鎚墓碑區分為「平行排列」、「下降排列」、「上升排列」三類。

（一）平行排列的倒鎚墓碑（參下圖），倒鎚墓碑，日落西山，為走空訊號。

（二）下降排列的倒鎚墓碑（參下圖），意思是第二根 K 線的高點與低點都比第一根 K 線的高點與低點來得低，當出現下降排列的倒鎚墓碑時，走空確立。若要化解倒鎚墓碑，次日只有開高一途。

（三）上升排列的倒鎚墓碑（參下圖），意思是第二根 K 線的高點與低點，都比第一根 K 線的高點與低點來得高。此情形多空未定，必須看明日走勢，若明日開低封閉缺口則走空確立。

七、寸步趨漲

這是兩日 K 線寸步趨漲的形態（參下圖）。昨日收墓碑線，今天還能跳空開高走高，將墓碑線幾乎吞噬。此形態明日可能跳空，十之八九會過空方的高點。

這是從九死一生逆轉為九生一死的走勢，故明日可能會大漲。

大師鍊金術

倒鎚墓碑不論是以何種形態排列，都是走空的訊號。

八、寸步趨跌

這是與寸步趨漲完全相反的走勢（參下圖）。寸步趨跌，明日跳空再跌。

九、蜻蜓點水

蜻蜓點水之後，開高量出，扶搖直上（參下圖）。

蜻蜓點水之後，開低量縮，倒栽倒地（參下圖）。

蜻蜓線的隔日不可開低或量縮，否則殺聲震天，易導致股價大跌。

關於一根日 K 線與兩根日 K 線代表的力量，建議去讀戴柏儀所寫的《K 線理論》第二章，以及李進財、謝佳穎、阿民所寫的《主控戰略 K 線》第一至第三章。

表示多頭的三、四根日 K 線

三、四根日 K 線乃是多方與空方激戰三、四天之後呈現出來的戰果。它所表示的走多的趨勢會比一根與兩根日 K 線更為明確。

這裡列舉出十七種表示多頭的三、四根 K 線。

一、長紅撐天

這是一種底部反轉的形態（參下圖），從線圖可知，前三天都是開盤跳空跌停鎖死，而後到了第四天，從開盤的跳空跌停，一直拉升到收盤的漲停。其特徵如下：

● 典型由空轉多的反轉形態。

● 經常出現在底部區。

● 前三天的「一字線」，有時會出現 ┬、┴、╋ 等變形。

● 第四天巨量長紅，成交量會異常放大。

長紅撐天與大紅吃三的 K 線形態，都是強烈由空反為多的訊號。

二、大紅吃三

股價在下跌走勢中，連續出現三根小黑 K 線之後，出現一根帶量的中長紅 K 線，把前面三根小黑 K 線完全吞噬，此種 K 線形態稱為「大紅吃三」（參下圖）。其狀況如下：

●大紅吃三有時是一根中長紅線吃掉三根小黑 K 線，有時是吃掉四、五根小黑 K 線，甚至更多。變盤線（小黑 K 線）愈多，轉折力道愈強。

●當出現大紅吃三時，為強烈反多訊號，股價有九成機率會上漲。

三、孤子晨星

三根 K 線中，第一根收長黑線，第二根跳空下跌後收一個十字線，第三根跳空上漲收長紅線，此根長紅 K 線吞

噬第一根長黑K線，此形態稱為「孤子晨星」（參下圖）。

四、母子晨星

四根K線中，第一根收長黑線，第二根跳空下跌後收一個小黑線，第三根收一個與前一日小黑線相當的十字線，第四根跳空上漲收長紅，此根長紅K線吞噬第一根長黑線，此形態即稱為「母子晨星」（參下圖）。

倘若母子晨星中的第二根K線是小紅線時，反多的力道更強（參下圖）。

大師鍊金術

不論孤子晨星、母子晨星或孿生晨星，這些K線形態表現的是由空翻多的訊號。

五、孿生晨星

四根 K 線中，第一根收長黑線，第二根跳空下跌後收
一個十字線，第三根繼續收一個十字線，第四根跳空上漲
收長紅，此根長紅線吞噬第一根的長黑線，此種形態即稱
為「孿生晨星」（參下圖）。

六、群島晨星

最左邊是一根長黑線，最右邊是一根長紅線吞噬最左
邊的那根長黑線，而長黑線與長紅線底下則是一堆小紅小
黑夾雜若干十字線，此種形態即稱為「群島晨星」（參下
圖）。

所謂群島，指的是那一堆小紅小黑夾雜若干十字線的
K 線而言，這些 K 線被一根長黑線與一根長紅線區隔開

來，其形狀有如一座狹長的群島，因而得名。

群島的 K 線數量不一而足，圖中顯現的是十根，有時出現五、六根，有時七、八根，有時會到十幾根，這跟整理時間的長短有關，整理時間愈長，根數愈多，整理時間愈短，根數愈少。

群島晨星常出現在股價循環的底部區。台股第三次循環的底部區，即 2001 年 9 月 3,411 點附近的打底形態，就是一個標準的群島晨星。

七、三紅報喜

連續三根 K 線都是收長紅線，而且成交量愈來愈大，股價也愈來愈高，此種形態稱為「三紅報喜」（參下圖）。

當 K 線出現三紅報喜時，可依鐘擺對價理論測其漲幅，意思是說，三紅報喜這三根 K 線從最低到最高的漲幅就是未來的漲幅。

若是三紅報喜出現三天兩缺口的形態為極強勢（參下

圖），拉回應加碼。此種形態出現時，表示多方氣盛，股
價欲小不易，可能會噴出。

　　三紅報喜常出現在一個循環的起漲區。通常過壓之後
回檔整理，通常跌到第三根長紅線 K 棒的低點即是好買
點。

　　八、二紅夾星

　　三根 K 線中，第一根是長紅線，第二根是多空平分的
十字線，第三根又是長紅線，此種形態的 K 線組合稱之為
「二紅夾星」，一星指的是中間的十字線，二紅則是指第
一根與第三根的長紅線（參下圖）。

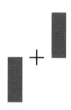

　　二紅夾星的必需條件是：第三根長紅線的成交量須大於第一根長紅線的成交量；正常的排列順序是，第三根成交量大於第一根，而第一根又大於第二根，亦即第三根成交量最大，第一根次之，第二根成交量最小。

　　若是第三根的成交量小於第一根的成交量，即形成不完全的二紅夾星。二紅夾星是明顯走多的形態，然而不完全的二紅夾星，卻常回來整理後才會再漲，甚至隔天開低就直接下跌，投資人不得不留意。

　　另外，形成二紅夾星之後，最後一根長紅線隔日若是被長黑線吞噬，則會有由多翻空急跌之走勢（參下圖）。否則，二紅夾星之後的走勢為中繼再漲。

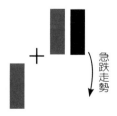

急跌走勢

大師鍊金術

K線的形態不論出線三紅報喜、二紅夾星或上升三法，都是股價走多的訊號。

九、上升三法

三根 K 線中,第一根與第三根的長紅線夾住中間一根較短的黑線,其形狀有點像兩片吐司夾一短熱狗,此種 K 線形態稱為「上升三法」(參下圖)。

上升三法有一個必要條件:第三根 K 線必須量出收長紅。上升三法出現之後,股價八成會上漲,除非隔日長黑線吞噬掉第三根長紅線,如此出現的兩成機率,必有急跌之勢。

上升三法的形態中,兩根長紅線並非僅出現夾一根小黑線的狀況,也可能夾三根或五根,甚至七、八根等等,這些形態亦均屬於是上升三法(參下圖)。

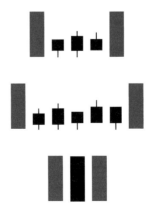

必須留意的是，所夾的小黑線愈多，表示盤整愈久，轉折的力道就愈大。

十、二紅吞黑

三根 K 線中，第二根長紅線吞噬掉第一根長黑線，第三根緊接又是一根上漲的長紅線，大約貫串第一根 K 線一半處，此種形態的 K 線稱為「二紅吞黑」（參下圖）。

二紅吞黑是相當強烈的起漲訊號，其力道大於一紅吞黑。

通常二紅吞黑的隔日不是價收紅就是線收紅，若價線均收紅，則中繼再漲。

若第一根與第二根 K 線呈現出母子孕育的狀況，亦屬二紅吞黑（參下圖）。

十一、一紅吞黑

三根 K 線中，第一根為長黑母線，第二根為小紅子線，第三根為長紅線，此種形態的 K 線組合稱為「一紅吞黑」（參下圖）。

第一根 K 線與第二根 K 線彼此之關係，二紅吞黑是吞噬，一紅吞黑是懷抱，因為吞噬的力道大於懷抱，故二紅吞黑的上漲力道大於一紅吞黑。

依上漲力道強弱排列，依次為三紅報喜、二紅吞黑、一紅吞黑、二紅夾星、走漲階梯、上升三法。前三者常出現真突破後趨勢反轉上漲，而後三者則不一定。

十二、雙肩並紅

三根 K 線中，第一根是長黑線，而第二根與第三根卻是下跌之後並立的長紅線，此種形態的組合稱之為「雙肩並紅」（參下圖）。

雙肩並紅，坐地起立，大步向前。這是行情走空一段之後，行情止跌反轉走多的訊號，只是必要條件是：第三根Ｋ線的成交量必須大於第二根Ｋ線成交量的三分之一。

此外，第二根與第三根長紅線亦常以Ｔ字形式出現，請參下圖。

十三、反鎚透紅

三根Ｋ線中，第一根是長黑線，第二根是小黑反鎚線或墓碑線，第三根是長紅線吞噬了前面兩根黑線，此形態的Ｋ線組合稱為「反鎚透紅」（參下圖）。

大師鍊金術

依照上漲力道強弱排列，依次為三紅報喜、二紅吞黑、一紅吞黑、二紅夾星、走漲階梯、上升三法，前三者常出現真突破後趨勢反轉上漲，後三者則不一定。

若是第二根 K 線並非反鎚線或墓碑線，而是一個長黑
線時，此形態亦屬反鎚透紅（參下圖）。

反鎚透紅常出現在中期底部反轉區，但投資人因不知
而錯失買點。

十四、下肩缺口

三根 K 線中，第一根為長黑線，第二根為跳空下跌留
有缺口的長黑線，第三根長紅線補掉前述的缺口，此種形
態的 K 線組合稱為「下肩缺口」（參下圖）。

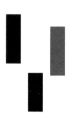

有口訣云：一日之內缺口被多方封閉，必漲；三日之
內缺口被多方封閉，九生一死；五日之內缺口被多方封
閉，半生半死。

很明顯地，下肩缺口中的缺口在三日之內被多方封閉，故九生一死，九成機率會上漲。

十五、走漲階梯

三根 K 線中，第一根是長紅線，第二根是長黑線，第三根是長紅線；而且第二根長黑線貫穿第一根長紅線的三分之一，而第三根長紅線又貫穿第二根長黑線的三分之一，此種形態的 K 線組合稱為「走漲階梯」（參下圖）。

因為第二根黑 K 線與第一根紅 K 線的成交量沒背離，故會出現第三根的長紅線。

走漲階梯與一星二陽的形態類似，兩者差別在於：前者中間那一根是長黑線，而後者中間那一根是十字線而已。不過，一星二陽走多的力道強於走漲階梯；而走漲階梯走多的力道又大於上升三法。

走漲階梯出現後，當第三根長紅線的高點被突破、低

大師鍊金術

信鴿返巢是空翻多的變盤訊號，常出現在下跌行情整理的末端。

點回測不破，則可認定趨勢走多，此時應積極進場買多。

十六、信鴿返巢

四根 K 線中，第一根與第二根都是長黑線之後，第三根出現跳空下跌但帶有長下影線的小紅鎚子線，第四根為跳空大漲的長紅線，其高點越過第二根長黑線的高點，形成吞噬，此種形態的 K 線組合稱為「信鴿返巢」（參下圖）。其特徵如下：

● 信鴿返巢是空翻多變盤訊號，常出現在下跌行情整理的末端。

● 第三根帶有長下影線的鎚子線，表示多頭反撲進場買進，此根量愈大愈好，下影線愈長愈好，跳空愈低愈好，上述三者均表示變盤訊號愈強。

● 第四根長紅線吞噬第二根長黑線，表示盤勢明顯已由空轉多，投資人應積極進場買進。

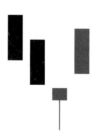

十七、慈烏反哺

四根 K 線中，第一根與第二根都是長黑線，第三根出現帶有長上影線的反鎚線或墓碑線，第四根則為跳空大漲吞噬掉第二根長黑線與第三根反鎚線的長紅線，此種形態的 K 線組合稱為「慈烏反哺」（參下圖），特徵如下：

● 慈烏反哺是空翻多變盤訊號，常出現在下跌行情整理的末端。

● 慈烏反哺與信鴿返巢型態類似，差別僅在第三根 K 線，前者為帶有長上影線的反鎚線，後者為帶有長下影線的鎚子線。

● 第三根帶有長上影線的反鎚線，表示多方在此處奮力反擊，此根量愈小愈好（表示空方力量減弱），上影線愈多愈好（表示多方積極進攻力道），上述兩者均表示變盤訊號愈強。

● 把四根 K 線從中間切開來，第三根與第四根形成典型的寸步趨漲，故隔日會大漲。

● 慈烏反哺與反鎚透紅的形態亦類似，差別在前者多了一根長黑線，這表示它是處在一個練續下跌走勢之後的反轉形態，故其翻多的力道自然要強於反鎚透紅。

大師鍊金術

慈烏反哺也是空翻多的變盤訊號，常出現在下跌行情整理的末端。

表示空頭的三、四根日 K 線

　　三、四根日 K 線乃是多方與空方激戰三、四天之後呈現出來的戰果。它所表示的多空趨勢會比一根與兩根日 K 線更為明確。

　　這裡列舉出十七種表示空頭的三、四根 K 線。

一、大黑吃三

　　股價在上漲走勢中，連續出現三根小紅 K 線之後，出現了一根帶量的中長黑 K 線，把前面三根小紅 K 線完全吞噬，此種 K 線組合的形態稱為「大黑吃三」（參下圖）。

　　大黑吃三有時是一根中長黑線吃掉三根小紅 K 線，有

時是吃掉四、五根小紅 K 線，甚至更多。變盤線（小紅 K 線）愈多，轉折力道愈強。

當出現大黑吃三時，為漲多之後獲利回吐的現象，為強烈反空訊號，股價有九成機率會下跌。

二、孤子夜星

三根 K 線中，第一根收長紅線，第二根跳空上漲後收一個十字線，第三根跳空下跌後收長黑線，此根長黑 K 線吞噬第一根的長紅 K 線，此形態即稱為「孤子夜星」（參下圖）。

此形態為強烈變盤訊號，若是第三根長黑 K 線帶量重挫，則走空趨勢更為明確。

口訣：左缺右口，量價背離，趨勢轉空。只要成交量相較前一天增加 50%，或減至當天一半的量，均為背離。量價背離就會有轉折。

三、母子夜星

四根 K 線中,第一根收長紅線,第二根跳空上漲後收
一個小紅線,第三根收一個與前一日小紅線相當的十字
線,第四根跳空下跌收長黑,此根長黑 K 線吞噬掉第一根
的長紅線,此形態即稱為「母子夜星」(參下圖)。

母子夜星亦為強烈變盤訊號,若是第一根長紅線的低
點被有效跌破,則走空趨勢更為明確。

四、孿生夜星

四根 K 線中,第一根收長紅線,第二根跳空上漲後收
一個十字線,第三根繼續收一個十字線,第四根跳空下跌
收長黑線,此根長黑線吞噬第一根的長紅線,此形態稱為
「孿生夜星」(參下圖)。

孿生夜星比孤子夜星多了一個十字線,變盤線愈多,
轉折力量愈強,故前者轉空力道比後者更強烈。

值得留意的是，這兩個十字線中，其中有一根的成交量會與第一根長紅線的量差很多，形成明顯的量價背離。

五、群島夜星

最左邊是一根長紅 K 線，最右邊是一根長黑 K 線，長黑 K 線吞噬長紅 K 線，而在兩者上面是一堆小紅小黑夾雜若干十字線，此形態稱為「群島夜星」（參下圖）。

所謂群島，指的是那一堆小紅小黑夾雜若干十字線的 K 線而言，這些 K 線被一根長紅線與一根長黑線區隔開來，其形狀有如一個狹長的群島，因此而得名。

群島中的 K 線數量不太一定，圖中顯現的是八根，有時出現五、六根，有時七、八根，有時會到十幾根，這和整理時間的長短有關。一般來說，比較有可能出現的根數是費波南西係數中的五、八、十三等。當然，根數愈多即是變盤線愈多，將來轉空的力道將愈強。

群島夜星常出現在上漲達一定幅度的中期頭部或長期

頭部。此形態出現後通常會出現波段跌幅，不可不慎。

六、三鴉報喪

連續三根 K 線都是收長黑線，不但股價愈來愈低，而且只要其中一根出現大量，此種形態即稱為「三鴉報喪」（參下圖）。

口訣：三鴉報喪，反轉俯衝，反彈反空。意思是；只要見到此形態，即可確認趨勢將反轉走空；倘若股價有反彈至巨量長黑的 K 線高點，不但要拋多單，而且是最佳空點，其放空的勝算高達九成。

若是三鴉報喪出現三天兩缺口的形態（參下圖），則其走空的趨勢更為明確。

三鴉報喪的條件寬鬆，只須有一根巨量長黑即成立；三紅報喜則須量價均愈來愈大才成立，條件較嚴格。

七、二黑夾星

　　三根K線中，第一根是長黑線，第二根是多空平分的十字線，第三根是長黑線，此種形態的K線組合稱為「二黑夾星」（參下圖），一星指的是中間的十字線，二黑則是指第一根與第三根的長黑線。

　　二黑夾星是下跌走勢中常見形態。二黑夾星，中繼再跌，故跌勢仍將繼續。不過，若是第三根長黑線隔日被一根長紅線吞噬，則會出現由空翻多上漲之走勢（參下圖）。

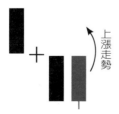

上漲走勢

大師鍊金術

只要出現三鴉報喪的K線形態，確認趨勢將反轉走空，若股價反彈至巨量長黑的高點。不但要拋多單，而且是最佳空點。

八、下降三法

三根 K 線中，第一根與第三根的長黑線夾住中間一根
較短的紅線，其形狀有點像兩片吐司夾一短熱狗，此種 K
線形態稱為「下降三法」（參下圖）。

下降三法在股價走弱的下跌趨勢中經常會出現。下降
三法出現之後，股價八成會下跌，除非隔日長紅線吞噬掉
第三根的長黑線。如此難得發生的兩成機率出現之後，必
有大漲走勢。

下降三法的形態中，兩根長黑線並非僅出現夾一根小
紅線的狀況，也可能夾三根或五根，甚至七、八根等等，
這些形態亦均屬於是下降三法（參下圖）。

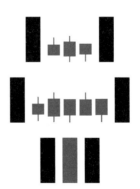

九、二黑吞紅

三根 K 線中，第二根長黑線吞噬第一根長黑線，第三根緊接又是一根下跌的長黑線，大約貫穿至第二根 K 線的一半之處，此種形態的 K 線稱為「二黑吞紅」（參下圖）。

二黑吞紅是相當強烈的常見起跌訊號，其力道強過一黑吞紅。通常二黑吞紅的隔日不是價收黑就是線收黑，若價線均收黑，則中繼再跌。

若第一根與第二根 K 線呈現出母子孕育的形式，亦屬二黑吞紅（參下圖）。

十、一黑吞紅

三根 K 線中，第一根為長紅母線，第二根為小黑子線，第三根為長黑線，此種形態的 K 線組合稱為「一黑吞

大師鍊金術

K 線的形態不論出現二黑夾星、下降三法、二黑吞紅、一黑吞紅等，都是股價走空的訊號。

紅」（參下圖）。

第一根 K 線與第二根 K 線彼此之關係，二黑吞紅是吞噬，而一黑吞紅則是懷抱，因為吞噬的力道大於懷抱，故二黑吞紅的下跌力道大於一黑吞紅。

依下跌力道強弱排列，依次為：三鴉報喪、二黑吞紅、一黑吞紅、二黑夾星、走跌階梯、下降三法。前三者常為真跌破的下跌，後三者則不一定。

十一、雙肩並黑

三根 K 線中，第一根是長紅線，而第二根則是與第一根遭遇的長黑線，第三根則是與第二根並立的長黑線，此種 K 線形態的組合稱為「雙肩並黑」（參下圖）。

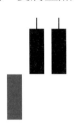

雙肩並黑，並坐齊跌。這是行情走多一段之後，高點賣壓沉重，多方力竭空方轉弱，連續兩天高點不過而且收低，為趨勢走跌訊號，只是必要條件是：第二根 K 線與第三根 K 線之間其中有一根量出三分之一，而且這兩根 K 線的低點被跌破。

　　此外，第二根與第三根長黑線亦常以倒 T 墓碑線或反鎚線形式出現（參下圖）。

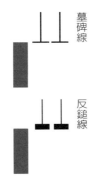

墓碑線

反鎚線

十二、烏雲罩頂

　　在上漲走勢中的三根 K 線，第一根是長紅線，隔天延續多頭氣勢開高，不料結果收長黑線，與第一根 K 線形成貫穿，第三根則是開低走低的長黑線，此種形態的 K 線組合稱為「烏雲罩頂」（參下圖）。

大師鍊金術

依照下跌力道強弱排列，依次為三鴉報喪、二黑吞紅、二黑夾星、走跌階梯、下降三法，前三者為真跌破的下跌，後者則不一定。

烏雲罩頂的形態類似二黑吞紅，差別在前者為貫穿長紅 K 線，後者為吞噬或孕育長紅 K 線。二黑吞紅的空方力道要強於烏雲罩頂。

對空方而言，有三點必須留意：

（一）跳空愈高愈好。就兩日線形而論，為一日封閉缺口，必死無疑。

（二）貫穿愈深愈好，代表空方力道愈強。

（三）第二根長黑 K 線的量愈大愈好。

烏雲罩頂出現後，若發生量價背離，或是跌破長紅 K 線低點，則走空趨勢將更為明確。

十三、上肩缺口

三根 K 線中，第一根為長紅線，第二根為跳空上漲留有缺口的長紅線，為強多上漲之勢。不料第三根卻出現反轉的長黑線，其高點在第二根長紅線之內，低點則封閉缺口。此形態的 K 線組合稱為「上肩缺口」（參下圖）。

有口訣云：一日之內缺口被空方封閉，必死無疑；三日之內缺口被空方封閉，九死一生；五天之內缺口被空方封閉，半生半死。

上肩缺口中的缺口，在三日之內被空方封閉，故九死一生，九成機率會下跌。若是股價跌破第一根長紅線的低點，則走空趨勢更為明確。

十四、走跌階梯

三根K線中，第一根是長黑線，第二根是長紅線，第三根是長黑線；而且第二根長紅線貫穿第一根長黑線的三分之一，而第三根長黑線又貫穿第二根長紅線的三分之一，此種形態的K線組合稱為「走跌階梯」（參下圖）。

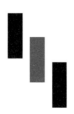

因為第二根紅Ｋ線與第一根黑Ｋ線的成交量沒背離，故會出現第三根的長黑線。即使第二根長紅線的量大於第一根長黑線的量，量大貫穿為弱勢，僅僅為多方抵抗。

走跌階梯與二黑夾星的形態類似，兩者之差別在於：前者中間那一根是長紅線，而後者中間那一根是十字線而已。不過，二黑夾星走空的力道大於走跌階梯；而走跌階梯走空的力道又大於下降三法。

十五、荊天棘地

在上漲走勢中，連續出現三根紅Ｋ線，雖然每天都在上漲，然而每天都留下長的上影線，而且漲幅愈來愈小，成交量愈來愈大，此種Ｋ線形態的組合稱為「荊天棘地」（參下圖）。

荊天棘地常出現在漲勢末端，上影線長表示上檔賣壓沉重；漲幅愈來愈小，成交量愈來愈大，這是主力出貨的現象。

荊天棘地的Ｋ線形態與三紅報喜相似，投資人必須小心分辨：

（一）荊天棘地有長上影線，三紅報喜通常沒有上影線，即使有也是短短的，Ｋ線的形態明顯不同。

（二）荊天棘地出現在頭部區，而三紅報喜則出現在底部區，兩者在循環中出現的位置大不相同。

（三）兩者都是成交量愈來愈大，股價也是愈走愈高，可是只有荊天棘地會出現漲幅愈來愈小的現象。

十六、跳空遇鬼

在上漲走勢中的三根Ｋ線，第一根是長紅線，隔天延續多頭氣勢跳空開高，但收盤卻是收低點的長黑Ｋ線，第一根與第二根Ｋ線之間留有缺口，第三根則是開低走低的長黑線，而且此長黑線還封閉了前面的缺口，此種形態的Ｋ線組合稱為「跳空遇鬼」（參下圖）。

荊天棘地常出現在漲勢末端，上影線長表示上檔賣壓沉重；漲幅愈來愈小，成交量愈來愈大，這是主力出貨的現象。

跳空遇鬼的形態很像前述的烏雲罩頂，差別僅在於：前者第二根 K 線與第一根 K 線之間有跳空缺口，後者第二根 K 線與第一根 K 線之間形成貫穿。兩者均為強烈走空訊號。

跳空遇鬼還區分為跳空遇大鬼或是跳空遇小鬼。假設第一根長紅 K 線成交量 1,000 億，第二根跳空長黑 K 線成交量 1,500 億，那就是跳空遇大鬼；若是第一根長紅 K 線成交量 1,000 億，第二根跳空長黑 K 線成交量 500 億，那就是跳空遇小鬼。不論跳空遇見大鬼還是小鬼，必定都是成交量出現背離，而線收黑。

十七、雙鴉撲空

在上漲走勢中的三根 K 線，第一根是長紅 K 線，隔天延續多頭氣勢跳空開高，但收盤卻是收低點的小黑 K 線，第三天也是開高走低的中長黑線，第三根與第二根 K 線間形成子孕育線，而且第一根與二、三根之間留有缺口，此種形態的 K 線組合稱為「雙鴉撲空」（參下圖）。

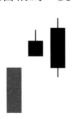

雙鴉撲空的第二根與第三根黑 K 線，必定有一根的成交量與第一根長紅 K 線的成交量背離。量背離的意思是加減 50%，譬如第一根長紅線的成交量為 900 億，而第二根長黑線成交量為 1,350 億，這就是量背離。

雙鴉撲空是強烈反空訊號。

讀完表示多頭與空頭的三、四根 K 線之後，若覺得意猶未盡，建議你去讀戴柏儀所著《K 線理論》第三章〈K 線組合〉、第五章〈K 線組合運用〉，以及李進財、謝佳穎、阿民所寫的《主控戰略 K 線》第四章〈三根 K 棒的實戰運用〉。另外，史蒂夫·尼森（Steve Nison）所寫的《陰線陽線》（*Japanese Candlestick Charting Techniques*）亦可參閱。

一堆日 K 線代表的多空趨勢

兩三根 K 線的組合固然有力量，但真正影響多空趨勢的是一堆日 K 線組合成的形態。研讀 K 線，必須從一根、兩根、三根、逐漸到一組、一堆、一大片。

我經常會從日 K 線的形態、關鍵 K 棒、成交量、量

大師鍊金術

兩三根K線的組合固然有力量，但真正影響多空趨勢的是一堆日K線組合成的形態。

價變化、時間波與空間波的修正、大股東的動態，去研判
或多或空趨勢的走向。

此處所謂一堆日 K 線，指的是多方與空方激戰或 8
天、或 13 天、或 21 天、或 34 天、或 55 天之後，呈現出
來的多空趨勢。8 天、13 天、21 天、34 天、55 天乃是費
波南希數列展現的轉折力道，請參閱拙作《看準位置，只
賺不賠》第四章〈時間理論〉。

通常整理的天數愈長，其形成之形態就愈明顯，其展
示多空趨勢的力道將更為明確。這屬於形態學的範疇，我
建議大家去參閱鄭超文的《股價型態大贏家》與戴柏儀
《K 線理論》第七章〈形態學〉。

特別提醒，要從一堆日 K 線中研判多空的趨勢，千萬
不要錯過李進財、謝佳穎、阿民所寫《主控戰略 K 線》第
七章〈實戰綜合運用〉、第八章〈主控盤實戰綜合運用〉。

看圖千遍，其義自現

「看圖千遍，其義自現」，這是讀懂一堆 K 線形態最
重要的口訣。這句話不是我說的，記得是短線高手阿魯米
說的。

看圖，當然指的是江波圖、五分線圖、日K線圖、週K線圖、月K線圖。觀看這些K線圖切記，必須從一根、兩根、三根逐漸到一組、一堆、一大片；因此我研判K線，常常是看半年、一整年、甚至兩三年的。畢竟真正影響到多空趨勢的，一定是一堆K線組合成的形態。

江波圖與五分線圖看的是極短線，適用於當軋賺價差，我知道極短線高手非常重視這一區塊。平時我看盤最重視的是日K線與月K線，日K線找切入點，月K線觀看長期趨勢，週K線觀中期多空力道的強弱。

浪

面對本間宗久大師，我想用一個「浪」字做這一章的總結。

浪就是波浪，波浪的走勢就是股價的特性，也是最大的奧祕。

股價波浪般的特性，是由查理士‧道在1900年左右發現的；不論江波圖、五分線、日K線、週K線、月K線，全都脫離不了波浪般的走勢。

坊間推崇艾略特的波浪理論，其實我個人更喜愛道氏

平時我看盤最重視的是日K線與月K線，日K線找切入點，月K線觀看長期趨勢，週K線觀中期多空力道的強弱。

循環理論，其中揭櫫的123abc的波浪般走勢，雖然簡單，卻極為實用，非常適合小抄底（三至六個月短線價差派）的運用，關於這點，第十二堂課有進一步的解說。

另外，好好運用「浪」的特性，觀五分線與江波圖即可來來回回做短，大賺每天的價差。我認為極短線的高手也是利用此特性大賺其錢。

你若是有心人，耐心地從月K線觀其十年的大浪，必能發現怎麼來就怎麼去，怎麼去就怎麼來，非常神奇。

本章的研究成果乃是對K線大師本間宗久的最高敬意，我認為他是高手中的高手，否則不可能在當時江戶的米市無往而不利。他能把每天開盤價、收盤價、最高價、最低價畫成K線，展現出多空的力道與趨勢的方向，實在是了不起的天才。

坊間出版的有關本間宗久的著作，經我研判皆粗糙簡陋，不堪深讀，應屬贗品。

我從K線、K線形態、成交量、K線時間波與空間波的修正、主力的思維、大股東的動態、循環的滿足，隱隱約約似乎有碰觸到本間宗久大師的衣角了。

第十二堂課
從大抄底演進到小抄底

從大抄底轉向到小抄底，

視野變寬了，機會也變多了，

僅僅觀念上的小轉變，卻產生了操作上的大創新。

大家都知道抄底是我的信仰，因此我著有抄底三書。然而，從大抄底演進到小抄底完全是意料之外的事。在 2008 年底大抄底成功一兩年售出持股之後，因等待期間超過原先預期的七年，於困頓之中，終於在 2020 年悟出了小抄底。

小抄底就是三至六個月的短線投資者

短線價差派可區分為「帽客」與「短線客」。

帽客指一天之內在號子裡搶進搶出、當天沖銷以賺取價差的人。他們針對一支股票，當天買，當天賣；或是當天賣，當天補回（俗稱當軋），這種操作稱為「搶帽子操作法」或「當日沖銷操作法」（操作期指亦屬此範疇）。

至於短線客，顧名思義就是從事短線操作的人，只是持股期間可能是一兩天或數天，期間稍長於帽客。

還有一種短線投資者，其持股期間或達數週、甚至三至六個月，長於短線客，這正是我鍾愛的小抄底。

總而言之，帽客持股時間以小時來計算，短線客以天數來算，短線投資客以週或月來計算，他們通稱為短線價差派。小抄底必須掌握股市中的氣、機、勢，求取波段的

利潤，操作三至六個月的當紅熱門股。這需要很強的 K 線能力與看盤功力，其中必須觀氣之形成，好好掌握其中的機，最後順勢而行。

短線價差派顛覆了我在《抄底實戰 66 招》中第 10 招的看法：大錢留給中長線的人賺。事實上，短線如果操作得當，其利潤並不亞於中長期投資，甚至可能會超過中長期投資。

小抄底最厲害之處就是，利用股價波動的特性，賺足了每天空間波與時間波的利潤；空間波指的是每天起伏漲跌之間的價差，時間波指的是充足運用一年的 240 天營業日，任何一天都不輕易放過。

我簡單算一筆帳給大家瞧瞧（第二堂課裡說過，此處再說一次）：台股每年平均有 240 天的交易日，假設投資 100 萬，每天做短當帽客，或高出低進或低進高出，平均只要有 3% 的利潤就是 3 萬，3 萬乘以 240 天就是 720 萬，那是本金 100 萬的 7.2 倍，利潤驚人。

從大抄底轉向到小抄底，視野變寬了，機會也變多了，僅僅觀念上的小轉變，卻產生了操作上的大創新。

大師鍊金術

小抄底必須掌握股市中的氣、機、勢，求取波段的利潤，需要很強的 K 線能力與看盤功力，其中必須觀氣之形成，好好掌握其中的機，最後順勢而行。

高手的兩個腦袋

　　從事小抄底，你必須擁有高手的兩個腦袋，那是指腦袋同時並存著兩種衝突的想法。

　　舉例來說，大抄底的長線抄底派與小抄底的短線價差派，是兩種腦袋；小抄底中的支撐與停損是一線之隔，是兩種腦袋；短線中的左側交易（買撐）與右側交易（買攻），是兩種腦袋；多頭行情中高低檔的資金配置與持股時間，是兩種腦袋（高檔少資金，短期持股；低檔多資金，長期持股）。

小抄底的依據：皮球理論

　　2020 年，我最大的體悟是大抄底中的小抄底。我著有抄底三書，是抄底的信仰者，若抄底成功平均約有 5 倍的利潤，但最大的問題是等待時間太長，通常台股走完一個循環平均需要七年，而此次更長。因此在困頓中的 2020 年我頓悟出大抄底中的小抄底。

　　小抄底指的是三至六個月小級別的反彈行情（請留意，並非大級別的回升行情），它不像大抄底有高達 5 倍

的利潤，只要掌握小抄底中每次一兩倍左右的利潤，累積起來也相當驚人。

理論上，小抄底著眼在未來三至六個月的反彈趨勢，你要好好去想未來三至六個月的主流趨勢是什麼類股？其中最強的又是哪一檔股？想通這一點，你就勝券在握了。

從大抄底演進到小抄底，「皮球理論」是重要的依據，茲扼要說明如下。

一、大牛市的回升行情平均每七年遇見一次（有時更久），最常見的是小級別的反彈行情，一定要懂得把握。

二、反彈的種類
（一）平台整理的技術性反彈：最為常見。
（二）跌深之後的乖離反彈：常出現在波段跌幅之後。
（三）報復性反彈：跌很久又很深的無基之彈，少見。
（四）中級反彈：指反彈的強度與長度而言。

三、選球（股）的技巧
（一）選彈性好的球：股性活潑，彈得好。
（二）選跌得快的球：跌得快，通常漲得也快。

小抄底著眼在未來三至六個月的反彈趨勢，要好好去想主流趨勢是什麼類股？其中最強的又是哪一檔股？想通這一點，你就勝券在握了。

（三）選跌得深的球：跌得深，反彈幅度高；指跌到主力成本區而言。

（四）選小的球：股本小，跳得高。

（五）選氣足的球：氣足，彈必高；指有題材而言。

（六）選技術的球：切記！技術分析是用來短線選股的。

四、拍球的技巧

（一）資金的控管。

（二）切入點的掌握（建議從五分鐘 K 線切入）。

（三）滿足點的掌握。

（四）乾淨俐落，謹防遭套。

五、反彈的難題

最大的困難在轉折點的拿捏與掌握，這需要深厚的 K 線功力，此部分請參閱第十一堂課〈建構失傳的本間宗久 K 線奧祕〉。

還有，如果反彈不夠強，反彈趨勢不明顯，不可以投機；貿然去搶反彈，常會被倒打一耙。

六、反彈的獲利

千萬別小看反彈的獲利，常以倍數計算，可累積小勝為大勝。

我常把大抄底與小抄底比喻成宮本武藏的長短刀，長刀雖然威猛，但奪命的卻是短刀。

我喜歡我的朋友許志榮對大小抄底的解釋，他說：「大抄底加小抄底就是長刀短刀靈活搭配。大抄底的特性是高報酬、低風險，但是出手的頻率太少。小抄底常常有操作機會，但能否賺錢會因操作者的功力不同而結果完全不同。雙抄底不但解決了出手頻率的問題，而且心態可以更平衡，既能以長護短，也能以短護長。」

小抄底的重要心法：
撐與跌，攻與漲，大不相同

就短線而言，依數十天形成的日 K 線形態，有人喜愛在形態的左側交易，有人鍾情在形態的右側交易，我是左側交易多於右側交易，會依股價走勢靈活交叉運用。

左側交易買在股價下跌整理之時，操作者必須精通 K 線理論，算準下跌的時間波與空間波，然後買在支撐之

大師鍊金術

雙抄底不但解決了出手頻率的問題，而且心態可以更平衡，既能以長護短，也能以短護長。

處，買撐不買跌，買撐接下來會漲，買跌還會繼續下跌。

右側交易買在股價上漲攻擊之時，必須買在股價攻擊的瞬間，買攻不買漲，買攻之後安心等待上漲。買漲就是追高，追高容易被套。買攻與買漲差之毫釐，失之千里。

買撐不買跌，買攻不買漲。此法看似簡單，其實深奧，若能悟透其中的心法，短線無往而不利！我只能告訴你大原則，箇中微妙之處必須自己去體會。

還有，從是小抄底一定要忘記八波段的波浪理論，牢記 123abc、上升三波、下跌也是三波的道氏理論，這是重要的心法，切記！切記！

小抄底致勝關鍵：賺大賠小

有人統計過，一個資質中等的股民與一位頂尖的操盤手於股市中對盤勢多空研判的準確性，其實差別不大，影響他們操作績效的最大因素就在：前者賺小賠大，而後者賺大賠小，如此而已。

一般股民在買進股票之後，若股價上漲，通常漲一些，甚至漲一點點就急著獲利了結；若股價下跌，則長抱不賣，虧的反倒是一大籮筐。

頂尖操盤手的做法剛好相反，若股價上漲，一定長抱不放，等賺飽賺足，賺滿整個波段之後才會鬆手；若股價下跌，必定嚴設停損走人，絕對不會讓損失擴大。他們致勝的秘訣就在賺大賠小，如此而已。

日本的散戶之神 cis 於 2000 年以 300 日圓起家，2005年賺進 6 億日圓，到了 2008 年身價高達 230 億日圓，十八年間的年化報酬率達 60% 以上。他公開成功的訣竅就在「順勢操作、大賺小賠、嚴控風險」這十二個字而已。

小抄底成功的十五個要件

大抄底若要成功，必須滿足《逮到底部，大膽進場》第一章所提出的十一個條件；至於小抄底（賺取短線價差）若要成功，根據個人的操作經驗，必須滿足下面的十個要件；滿足條件愈多，愈容易成功。

一、空間波的修正

下跌的修正包括了空間波的修正與時間波的修正。空間波的修正指的是下跌的幅度而言，一般說來，空間波修正的滿足點常出現在下跌的 25% 左右，因為這個點剛好

在丙種斷頭 25% 之後的 35% 左右。

我常常覺得，股票最大的利多就是多頭市場中股價回檔 25% 至 35%，然後來個利空測底，此時乃最佳買進點。

根據我的實戰經驗，有些投機性高的股票其下跌修正的幅度高達 55% 左右，這一點請投資人要特別留意。

二、時間波的修正

時間波的修正指的是下跌的天數。修正的天數與費波南希係數有關，可區分為短天期的修正與長天期的修正。

3 天、5 天、8 天、13 天的修正均屬短天期的修正；至於長天期的修正，會達 21 天、34 天、55 天、甚至 89 天。其實修正天數的長短，要看主力的意願，當主力發現賣壓不大時，修正的天數會趨短；當主力發現賣壓沉重時，修正的天數會拉長。

三、逮到那一波的熱門股

買股票能每次都賺到錢，一定要挑選那一波大家都認同的熱門股。切記不要去買自己鍾愛的熱門股，人氣聚集的熱門股聚集了人氣，才會形成沛然不可擋之趨勢。

舉世聞名的經濟學家凱恩斯針對投資股票說出了一句

發人深省的話，他說：「投資股票就像選美一樣，千萬不可單憑自己的喜好，一定要顧及大多數人的想法。」

凱恩斯是抄底的先驅者，他歷經美國道瓊史上 1929 年的大崩盤（1929 年 10 月崩盤，股價慘跌了 87%，持續了 33 個月的空頭行情），財富因此大幅縮水。但他掌握了恐慌時期道瓊的底部，大膽抄底，財富從僅剩的兩成，不到十年增至 60 倍，以相當於今天新台幣 9 億元的身家辭世，他是少數在股市賺到大錢的經濟學家。

四、平台整理的現象

股價在經過空間波的修正之後，常會出現平台整理的現象，這是延續空間波的修正之後的區間整理。平台整理的時間與費波南希係數也有關，短則 5 天、8 天、13 天，長則 21 天、34 天、55 天。

平台整理的上上下下會形成一個股票箱，在此股票箱內來回操作，賺取價差。其方法如下：

（一）觀察股價的平台整理，在搞清楚股價的支撐與壓力後，當股價回跌至底部的支撐帶就買進，上漲至頭部的壓力帶就賣出，不斷地來回操作，從中賺取價差。

（二）必須每天留意股票箱內的變化，亦即股價是否

大師鍊金術

買股票能每次都賺到錢，一定要挑選那一波大家都認同的熱門股。切記不要去買自己鍾愛的熱門股，才會形成沛然不可擋之趨勢。

突破了壓力帶，或是跌破了支撐帶。若是突破了壓力帶，表示平台整理結束，將翻空為多；若是跌破了支撐帶，表示股價將繼續下跌，會跌到下一個股票箱。

（三）當平台整理的股票箱發生變化，投資人必須在新的股票箱被確認之後，才可以安心地在新的股票箱內短線操作。

五、股性的考量

人有人性，股有股性。每檔股票跟人一樣，都具備了不一樣的個性，我們把股票的個性稱為股性。股市裡面的經驗告訴我們，曾經飆漲過的股票，經過一段時間的沉澱整理，再次飆漲的可能性最大。

全世界 2021 年最知名的飆股當屬美國那斯達克的「遊戲驛站」（Game Stop Corp.），它的股價從 1 月間的 20 美元左右，在短短十一個交易日內飆漲 34 倍，達 483 美元；而後在 2 月中旬又跌回 38.5 美元，之後在 3 月上旬再度飆漲至 348.5 美元。此一現象告訴我們，曾經飆漲過的股票經過一段期間的整理，再度飆漲的機率很大。

還有，也必須考量到股本。股本太大的股票，因籌碼分散之故，拉抬不易，一般以股本在新台幣 50 億以下者

為宜。

六、族群的概念

選股只有股性的考量還不夠，必須有族群的概念。族群的概念近似類股，但它比類股的範圍更為縮小些，漲跌的關鍵更為緊密些。

舉例來說，美股 WallStreetBets 論壇（簡稱 WSB）的族群就有遊戲驛站（GME）、高斯電子（KOSS）、AMC 院線（AMC）、黑莓公司（BB）、諾基亞（NOK）等，他們通常有一檔最強的領頭羊，然後經常有齊漲齊跌的現象，這是彼此拉抬，相互影響。通常我們一定要挑選其中的領頭羊，因其最彪悍，漲幅也最大。當然在 WSB 支中，一定要選遊戲驛站（留意領頭羊有時會換人做）。

再以美股鐵礦砂為例，其族群就有克里夫天然資源（CLF）、淡水河谷（VALE）、泰克能源（TECK）、力拓集團（RIO）、必和必拓公司（BHP），其中的領頭羊是克里夫天然資源，因此若要操作鐵礦砂，必須以其為標的。

七、類股的輪動

除了族群的概念，類股的輪動也很重要。為何類股會

大師鍊金術

人有人性，股有股性。曾經飆漲過的股票，經過一段時間的沉澱整理，再次飆漲的可能性最大。

輪動呢？因為要輪流漲、輪流休息，甲類股漲了一段之後就會回檔休息，換乙類股漲；乙類股漲了一段之後，又輪到甲類股回來漲。如此循環不已。

我記得短線高手阿魯米說過：「盤整之後就是趨勢，趨勢之後就是盤整；盤整完之後一定會有方向。」他所說的「盤整」與「趨勢」就是輪動。

科斯托蘭尼教我股價一定有循環（好好去看他股價漲跌循環圖，《抄底實戰 66 招》第 208 頁）；還有最經典的名言：買進的時間點就決定了賺賠。科老所指的買進時間點，正是某一類股輪動整理完畢、正要起漲的那一瞬間。

八、單一公司研究到極致

我指的是你對這家即將要介入的公司必須有徹底了解，內容包括：

（一）可能公司資本額在 20 億以下。

（二）可能公司股性投機，雖仍未獲利，但在主力介入炒作之下，股價曾經飆漲過。

（三）公司十年內的日 K 線圖，與三十年的月 K 線圖。

（四）大股東的習性（是否愛炒股票）及其最近一年內的買賣情形，特別留意大筆敲進的時點與股數。

（五）公司的類股是否為當紅炸子雞，譬如說疫情初期的醫藥股與疫情中期的航運股。

（六）從週 K 線去看明顯出量，最後在月 K 線形成明顯的大紅 K 線，這是主力吃貨的證據。

（七）留意公司是否有倒閉下市危機。

九、割肉養虎

這是我在面對短暫空頭勢之時，偶爾會用的狠招。

這裡的「虎」指的是明顯的空方勢，「割肉」指的是明明虧錢，卻斷然砍掉手中持股的一半之後，尋找下方的支撐點再買回來。

賣掉一半的妙用是，進可攻，退可守，萬一看錯趨勢，仍有剩下的一半，

割肉養虎是在面對短暫空頭勢之時，不甘心停損的一種做法。一則能平衡自己的心態，二則能有效降低成本，不至於白白挨打卻束手無策。

使用這一招必須有很強的 K 線解析與看盤功力，能夠有效地逮到下跌後的有效支撐點，否則一跌再跌，那就永無寧日了。

此招只能意會，很難言傳，僅贈有緣人。我的經驗

科斯托蘭尼教我股價一定有循環，買進的時間點就決定了賺賠。科老所指的買進時間點，正是某一類股輪動整理完畢、正要起漲的那一瞬間。

是，老虎一旦吃過你割的肉，牠就不再咬人了，你準備御虎而行吧！

十、埋伏的左側交易

小抄底的左側交易買撐不買跌，買撐之後會上漲，買跌之後會繼續下跌。

埋伏先考慮時間波的修正，最常見的是 21 天、34天、55 天。再來考慮的是空間波的修正，常見的是 25%、35%（強勢股），當然也不排除 50%、甚至 60%（比較投機的股）。

左側交易我最愛的是平台整理，整理時間愈長，未來的漲幅愈大。還有可在平台整理期間，在股票箱之內高出低進，賺足價差。

埋伏還需留意一大片日 K 線的形態，小抄底追逐三至六個月的行情，故須研判三至六個月 K 線形態中有力的支撐點，好好去讀本書第十一堂課。

李佛摩的最小阻力點或買撐或買攻，我比較愛買撐，較少去買攻，買攻如果誤判，很容易變成追漲，追漲就會被套。

埋伏還需要有很大的耐心，沒有耐心逮不到獵物，好

好去讀出《躍遷》中大蟒蛇的耐心。

我還發現 WSB 那群美國高手很愛用埋伏這一招，這實在太有趣了，我可趁機搭老美的轎。

十一、石破天驚的右側交易

股市的交易區分為左側交易與右側交易，只有在下列六個條件都滿足的情況下，我才會採取右側交易：

（一）股價慘跌到一個階段的最低點（通常是半年），止跌後自然形成右側。右側交易就是買攻。雖然我說過買攻不買漲，其實買攻與買漲是攣生兄弟。買對了就是買攻，賺一馬車；買錯了就是追漲（套牢），賠一牛車。

（二）通常右側交易會出現在當年曾經的飆股，而後主力出貨之後，回檔狠狠整理回跌七成，甚至達八成，這是空間波的修正。

（三）回跌的價格抵達當初透過券商大筆的承銷價，甚至低於承銷價，這是無形的保證。

（四）類股必須是當時的當紅炸子雞，這是主力炒作的要件。

（五）主力歸隊之故，日 K 會出現幾根長紅棒，週 K 會明顯出量。

小抄底的左側交易買撐不買跌，買撐之後會上漲，買跌之後會繼續下跌。

（六）這時你會發現股價下跌的時間長達好幾個月，甚至達半年，這是時間波的修正。

必須滿足上述六點後，我才會下單，為求萬全之策，分批大膽敲進之後，我仍會設一個停損點，萬一看錯方向達停損點，二話不說，毅然砍單。因為這是一年中難見的出擊，故稱為「石破天驚」。

十二、從 K 線形態的撐與壓尋找短線的買賣點

就短線價差派而言，遇撐則買，遇壓則賣，這是最重要的指導原則，那麼要如何從 K 線的形態中找到支撐與壓力呢？首先你要在 K 線基本上下工夫，好好把第十一堂課讀懂、讀熟、讀精了。原則上，短線形態的高點是壓，低點是撐。

接下來，你還必須在形態學上下苦工，建議去讀鄭超文的《股價型態大贏家》和威廉．吉勒（William L. Jiler）的《股價走勢圖精論》（*Standard & Poor's How Charts Can Help You In The Stock Market*）。一定要耐下心來，讀圖千遍，其義自現，這是讀懂 K 線形態最重要的口訣。

從 K 線形態的撐與壓尋找短線的買賣點，與量價也有密切關係。關於這一點，可以參考《逮到底部，大膽進

場》第七章〈量價關係研究〉，特別是第六十九節「量價的十個經驗法則」，更須牢記在心。

十三、從布林通道尋找支撐買點

股票買撐不買跌，這是很重要的短線操作原則，因為買撐就不會再跌，而且常是短線的起漲點，而買跌常常是繼續再跌。買撐可參考技術分析中的布林通道（Bollinger Bands），它包括三個要點：

（一）兩個重要原則

1. 當股價碰到上軌道線，要繼續再漲的機會就很小（碰到壓力線），這是短線的好賣點。

2. 當股價碰到下軌道線，要繼續再跌的機會就很小（碰到支撐線），這是短線的好買點。這也是個人在實務操作中，經常參考的買撐支點。

（二）多頭訊號

1. 股價從下向上穿越下軌道線時，為買進訊號。

2. 股價從下向上繼續穿越中間的線時，股價可能加速向上，為加碼買進訊號。

3. 股價在中間線與上軌道線之間波動，為多頭市場。

（三）空頭訊號

1. 股價在中間線與上軌道線之間，從上向下跌破中間線，為賣出訊號。

2. 股價在中間線與下軌道線之間波動，為空頭市場。

十四、運用 KD 指標尋找買賣點

KD 指標在短線上的應用兩原則：

（一）日 K 值最小是 0，最大是 100。日 K 值若小於 20，表示短線處在超賣區；若大於 80，表示短線處於超買區。

（二）日 K 線若在 20 以下向上交叉日 D 線時，為買進訊號；日 K 線在 80 以上向下交叉日 D 線時，為賣出訊號；配合平台整理結束，而日 K 線又出現在 20 以下向上交叉日 D 線時，是強烈的底部買進訊號。

十五、運用 RSI 指標尋找買賣點

RSI 指標在短線上的應用五原則：

（一）短線操作者最重視 5 日 RSI，10 日 RSI 次之。

（二）運用 RSI，必須留意 20、50、80 這三個數值。RSI 50 是股價強弱的分水嶺，就短線而言，RSI 超過 50 反映股價位在強勢；RSI 低於 50 則處在弱勢。因此，即使

股價下跌，但 RSI 未跌破 50 之前，仍屬強勢整理，不必急於賣出；同理，即使股價反彈上漲，但 RSI 未突破 50 之前，仍屬弱勢反彈，不必急於買進。

（三）某檔股票的 RSI 低於 20，甚至來到 10 之時，表示該股短線已經進入超賣區，未來短線反彈的機率很大，可逢低分批買進；相反的，當某檔股票的 RSI 高於 80，甚至來到 90 之時，表示該股短線已進入超買區，未來短線回檔的機率很大，應逢高分批賣出。

（四）某檔股票的股價進入 RSI 20 以下的超賣區，股價仍然持續下跌，但 RSI 發生鈍化現象不再下跌，這叫打底背離，為短線強烈買進訊號。

（五）某檔股票的股價進入 RSI 80 以上的超買區，股價仍然持續上漲，但 RSI 發生鈍化現象不再上漲，這叫做頭背離，為短線強烈賣出訊號。

大師鍊金術

股票買撐不買跌，這是很重要的短線操作原則，因為買撐就不會再跌，而且常常是短線的起漲點，而買跌常常是繼續再跌。

跋

高手的情懷

　　我認為真正的股市高手，不在你是否操盤必勝，不在你是否開名車住豪宅，不在你是否很有錢（賺到了一億或幾十億），也不在你是否很有名（影歌星、網紅、名作家），更不在你是否選上了總統（即使選上了總統，若心中沒有眾生，也是枉然），而在你是否願意不計名利聽從神的旨意為芸芸眾生做一點事情。

　　老郭賣瓜，2010 年出版《逮到底部，大膽進場》一書時，內心有過掙扎（參看書中的〈跋〉），這種感覺特別強烈；2012 年悟出股市的位置理論，出版《看準位置，只賺不賠》時，亦有此感覺；2021 年撰寫《抄底大師鍊金絕學》時，更有此感覺。每年開班傳承，也是這種心態。

　　你們現在可能看不太懂這段話的意思，沒關係，有一天你慢慢行出來就會懂了。我確信安納金版主、安喜樂版

主、丰山版主、芷薇姐妹一定會懂的。真正的股市高手是不會張揚、不計名利、不求回報，默默不斷地付出，傳道、授業、解惑。即使遭人嘲笑，也堅持信念，毫不在意。

說來慚愧，這個道理我到了七十歲，熟讀《聖經》之後才真正懂了。很榮幸能在跟隨蔣繼書老弟兄讀經四年之後，終於在 2020 年寫出《愛，讀出聖經的智慧與真理》一書，為傳揚福音聊盡心力。

據我所知，舉世的股市高手中，只有江恩（William D. Gann）從《聖經》中榮獲神的重大啟示，我祈求自己會是第二個人。日前神給我的啟示是：〈傳道書〉一章五節，「已有的事，後必再有；已行的事，後必再行。日光之下，並無新事」（這正是《看準位置，只賺不賠》的循環理論）；智慧與真理遠比財富與權勢來得重要；當你真心誠意不計名利、聽從神的旨意默默為眾生做一點事的話，神賜給你的是千金買不到的平安喜樂。

最後我誠摯地建議：讀完本書，若從中得到啟發，甚至因此獲利的話，不用報答我，請從中取十分之一賙濟貧窮，這是基督徒常說的十一奉獻，感恩！阿門！

參考書目

本書的參考書籍，除了第一堂課的二十本（此處不再重複）之外，此處再列舉二十本。

一、《K 線理論》，戴伯儀著。

二、《主控戰略 K 線》，李進財、謝佳穎、阿民著。

三、《陰線陽線》，史帝夫‧尼森著。

四、《股價型態大贏家》，鄭超文著。

五、《無價之寶 --- 股市理論 30 種》，汪誼文著。

六、《股價走勢圖精論》，威廉‧吉勒著。

七、《股市實戰 100 問》，郭泰著。

八、《平民股神教你不蝕本投資術》，蘇松泙著。

九、《我的職業是股東》，林茂昌著。

十、《用心於不交易》，林茂昌著。

十一、《巴菲特抄底股市 10 策》，嚴行方著。

十二、《短線天才》，李金明著。

十三、《短線固定招式》，劉富生著。

十四、《股票指數的型態趨勢研判》，劉富生著。

十五、《短線法寶》，陶崇恩著。

十六、《彼得林區征服股海》，彼得・林區著。

十七、《彼得林區學以致富》，彼得・林區著。

十八、《算利教官教你存股利滾利年年領百萬》，楊禮軒著。

十九、《主力的思維》，cis 著。

二十、《投資技巧》（*The Craft of Investing*），約翰・特雷恩（John Train）著。

實戰智慧館 **502**

抄底大師鍊金絕學
股市磨劍 30 年的 12 堂高手課

作　　者──郭泰

主　　編──陳懿文
校　　對──呂佳眞
封面設計──萬勝安
行銷企劃──鍾曼靈
出版一部總編輯暨總監──王明雪

發 行 人──王榮文
出版發行──遠流出版事業股份有限公司
　　　　　　臺北市104005中山北路一段11號13樓
　　　　　　郵撥：0189456-1
　　　　　　電話：（02）2571-0297　傳眞：（02）2571-0197
著作權顧問──蕭雄淋律師

2021年 10月 1 日　初版一刷
2021年 10月 15 日　初版二刷
定價──新台幣 550 元（缺頁或破損的書，請寄回更換）
有著作權・侵害必究（Printed in Taiwan）
ISBN　978-957-32-9302-6

远流博識網

http：//www.ylib.com　E-mail：ylib@ylib.com
遠流粉絲團　https://www.facebook.com/ylibfans

國家圖書館出版品預行編目（CIP）資料

抄底大師鍊金絕學：股市磨劍 30 年的 12 堂高手課 /
　郭泰著．--初版．--臺北市：遠流出版事業股份
　有限公司 , 2021.10
　　面；　公分 .

　ISBN 978-957-32-9302-6（平裝）

　1.股票投資　2.投資技術　3.投資分析

563.53　　　　　　　　　　　　110015228